Die effektive Führungspersönlichkeit

C(

Stephen Covey erklärt, warum es wichtig ist, daß wir uns an allgemeingültigen Prinzipien orientieren. Er nennt diese Prinzipien und beschreibt, wie man mit ihrer Hilfe zu Sicherheit, Orientierung, Weisheit und Kraft gelangen kann. Führungskräfte können diese Prinzipien in Problemsituationen anwenden und damit Qualität, Produktivität und Rentabilität ihrer Unternehmen steigern.

Stephen R. Covey ist Vorsitzender des Covey Leadership Center und des gemeinnützigen Institute for Principle-Centered Leadership. Er hat bisher fünf Bücher veröffentlicht, darunter den Weltbestseller ›Die Sieben Wege zur Effektivität‹ (Campus 1992).

Stephen R. Covey

Die effektive Führungspersönlichkeit

Management by principles

Aus dem Englischen von Maria Beck

Campus Verlag
Frankfurt/New York

Die amerikanische Ausgabe »Principle-Centered Leadership« erschien 1990 bei Simon & Schuster, Inc., New York.
Copyright © 1990, 1991 by Stephen R. Covey.
All right reserved. No part of this work may be reproduced or transmitted in any form or by any means, electronic or mechanical, including photocopying and recording, or by any information storage or retrieval systems.
Der Text wurde in Übereinstimmung mit dem Autor für die deutsche Fassung leicht gekürzt.

Die Deutsche Bibliothek – CIP-Einheitsaufnahme

Covey, Stephen R.:
Die effektive Führungspersönlichkeit : management by principles / Stephen R. Covey. Aus dem Engl. von Maria Beck.
– Frankfurt/Main ; New York : Campus Verlag, 1999
Einheitssacht. : Principle-centered leadership <dt.>
ISBN 3-593-34820-9

3. Auflage 1999

Copyright © 1993 Campus Verlag GmbH Frankfurt/Main
Umschlaggestaltung: Atelier Warminski, Büdingen
Satz: Fotosatz Leingärtner, Nabburg
Druck und Bindung: Druckhaus Beltz, Hemsbach
Dieses Buch wurde auf säurefreiem Papier gedruckt.
Printed in Germany

Inhalt

Vorwort: Führen nach Prinzipien

Meine Seminarteilnehmer bekommen häufig die Aufgabe gestellt, zu berichten, welche Probleme in ihrem Leben die schwierigsten sind und welche Fragen sie am meisten bewegen. Unweigerlich kommen dann Konflikte zur Sprache, die mit konventionellen Ansätzen weder faßbar noch lösbar sind. Die folgenden Beispiele illustrieren das:

- Wie kann ich ein gesundes Gleichgewicht zwischen privatem und beruflichem Leben herstellen, wenn ich von einer Krise in die nächste gerate?
- Wie kann ich mich aufrichtig über die Erfolge meiner Mitmenschen freuen?
- Wie behalte ich die Kontrolle über meine Mitarbeiter und gewähre ihnen gleichzeitig genügend Freiraum, damit sie gute Arbeit leisten können?
- Wie verinnerliche ich die Grundsätze der ›Total Quality‹ und der kontinuierlichen Verbesserung auf allen Ebenen, wenn mich bisher noch keines der vielen Aktionsprogramme beeindrucken konnte?

Vielleicht haben auch Sie sich diese Fragen schon gestellt, wenn Sie in Ihrem privaten und beruflichen Leben den richtigen Weg gesucht haben. In diesem Buch erfahren Sie, wie Ihnen die Grundsätze einer effektiven Führung dabei helfen können.

Gib einem Hungrigen einen Fisch, und du machst ihn für einen Tag satt. Lehre ihn zu angeln, und du machst ihn für sein ganzes Leben satt.

Es ist viel Erkenntniskraft erforderlich, um die existentiellen Fragen beantworten zu können, die in meinen Seminaren so oft gestellt werden. Aber ohne die damit verbundene Reife bleibt man im Leben auf einer Stufe stehen, auf der Probleme durch bloßes Experimentieren gelöst und wichtige Dinge immer aufgeschoben werden. Seit Erscheinen meines Buches *Die sieben Wege zur Effektivität* (1992) habe ich mit vielen Menschen zusammengearbeitet, die es sich irgendwann einmal zum Ziel gesetzt hatten, ihr Leben zum Positiven zu verändern und ihre Produkte, Dienstleistungen und Unternehmen zu verbessern. Leider wurden sie allzuoft bei ihren ernstgemeinten Bemühungen, an zwischenmenschlichen Beziehungen zu arbeiten und ihre Produktivität zu steigern, schlecht angeleitet, und sie scheiterten an falschen Konzepten. Sie verhielten sich genau entgegengesetzt zu effektiven Menschen. Mein Bruder John Covey, ein hervorragender Lehrer, spricht in diesem Zusammenhang sogar von den sieben Wegen zur *Ineffektivität:*

- Reagiere mehr als du agierst: Zweifle an dir selbst, und gib anderen die Schuld für deine Niederlagen.
- Arbeite ohne ein klares Ziel vor Augen.
- Erledige dringende Angelegenheiten zuerst.
- Denke in den Kategorien Gewinnen/Verlieren.
- Strebe zuerst danach verstanden zu werden.
- Wenn du deinen Standpunkt nicht durchsetzen kannst, gehe Kompromisse ein.
- Meide jede Veränderung und schiebe Verbesserungen auf.

So wie private Siege den öffentlichen Siegen vorausgehen, wenn effektive Menschen auf dem Weg des *Reifekontinuums* ihre Fortschritte machen, so kündigt privates Versagen peinliche öffentliche Niederlagen an, wenn ineffektive Menschen sich zum *Unreifekontinuum* zurückentwickeln. Sie geraten aus einer *Abhängigkeit*, in der andere für die Erfüllung ihrer Grundbedürfnisse und Wünsche sorgen, in einen Zustand der *gegenseitigen Abhängigkeit*, der durch Kampf- oder Fluchtverhalten gekennzeichnet wird, und dann in eine *Kodependenz*, die zum destruktiven Umgang mit anderen Menschen führt.

Wie kann man nun solche festgefahrenen Verhaltensweisen ablegen? Wie kann man sich dem Sog der Vergangenheit entziehen und dem privaten und beruflichen Leben eine neue und sinnvolle Richtung geben? Auf diese Fragen versucht mein Buch eine Antwort zu geben. In Teil 1 lege ich die Grundsätze der Effektivität im persönlichen und zwischenmenschlichen Bereich dar. In Teil 2 erfahren Sie dann, wie sie in der Führungsarbeit und in Unternehmen angewandt werden können.

Beobachtungen und Beispiele

Ich möchte nun einige Beispiele für die Erscheinungsformen des zentralen Problems geben, mit dem wir alle im persönlichen und beruflichen Leben konfrontiert sind. Dann werde ich eine prinzipienorientierte Lösung vorschlagen.

• Manche Menschen finden es gerechtfertigt, nach dem Motto »Der Zweck heiligt die Mittel« zu verfahren. »Geschäft ist Geschäft«, meinen sie, und »Ethik« und »moralische Grundsätze« ließen sich eben nicht immer mit geschäftlichen Interessen vereinbaren. Viele dieser Menschen sehen keinen Zusammenhang zwischen der Qualität ihres Privatlebens und der Qualität ihrer Produkte und Dienstleistungen im Beruf. Die sozialen und unternehmenspolitischen Gegebenheiten in ihren Unternehmen und die Herausforderung durch die immer schwieriger werdenden Märkte lassen sie glauben, daß sie Beziehungen manipulieren und gleichzeitig erfolgreich sein können.

• Wenn ich in meinen Seminaren frage: »Wie viele von Ihnen stimmen mir zu, daß die meisten Menschen weit mehr Fähigkeiten, Kreativität, Begabungen und Eigeninitiative haben als ihr Beruf ihnen abverlangt?«, dann liegt die Zustimmung bei etwa 99 Prozent. Mit anderen Worten: Wir sind uns einig darüber, daß unser Potential nicht ausgeschöpft wird und schlechtes Personalmanagement unsere Leistungsfähigkeit behindert.

- Die Helden der heutigen Zeit sind häufig Menschen, die viel Geld verdienen. Wenn ein Prominenter – ob Schauspieler, Entertainer oder Sportler – die Meinung äußert, daß man im Leben alles erreichen kann, wenn man sich seine eigenen Regeln schafft, dann horchen wir auf, vor allem, wenn solche Aussagen durch gesellschaftliche Normen noch bekräftigt werden.

- Manche Eltern glauben, zur Kindererziehung gehöre nicht mehr, als den Anschein einer intakten Familie zu wahren. Sie schreien ihre Kinder an, und wenn das nichts hilft, werden Türen geknallt. Später sind sie schockiert, wenn ihre Teenager mit Drogen, Alkohol und Sex experimentieren, um die Leere in ihrem Leben auszufüllen.

- Im Rahmen eines Beratungsauftrags empfahl ich einmal einem Geschäftsführer, gemeinsam mit seinen Mitarbeitern eine schriftliche Aussage über die Unternehmensphilosophie zu formulieren und nach sechs Monaten vorzulegen. Er erwiderte:»Sie verstehen nicht, Stephen. Wir bringen die Sache noch an diesem Wochenende über die Bühne.« Es gibt viele Menschen, die wichtige Angelegenheiten an einem einzigen Wochenende hinter sich bringen wollen: Sie denken, sie könnten ihrer Ehe neues Leben einhauchen, die entfremdete Beziehung zum Sohn erneuern, die Unternehmenskultur verändern. Aber es gibt Dinge, für die man mehr Zeit als nur ein Wochenende aufwenden muß.

- Manche Eltern nehmen die Rebellion und Aufsässigkeit ihrer pubertierenden Kinder persönlich, weil sie es nicht ertragen können, von ihnen nicht akzeptiert zu werden. So entsteht ein heimliches Einvernehmen, in dem jede Seite die Schwächen der anderen hinnimmt, um sich selbst nicht verändern zu müssen.

- In der Führungsarbeit konzentriert man sich zu oft auf das Quantifizierbare. Der Juli gehört den Operatoren, der Dezember den Controllern. Weil die Zahlen am Ende des Jahres beeindrucken sollen, werden sie häufig manipuliert. Man mag sie noch so eindringlich als exakt und objektiv bezeichnen, sie beruhen trotzdem immer auf subjektiven Annahmen.

• Die meisten Menschen wollen sich nicht von Rednern überzeugen lassen, die nichts weiter als unterhaltsame Heile-Welt-Geschichten zu erzählen haben. Sie wollen etwas Substantielles – eine Entwicklung. Sie wollen mehr als Schmerzmittel und Heftpflaster gegen akute Beschwerden, denn sie wollen auch chronische Probleme lösen und langfristige Ergebnisse erreichen.

• Auf einer Fortbildungstagung sprach ich einmal mit einer Gruppe von hochrangigen Managern, die auf ihren Chef nicht gut zu sprechen waren. Er habe sie »gezwungen, an dieser Tagung teilzunehmen und sich vier Tage lang mit abstraktem Gerede berieseln zu lassen«. Sie kamen aus einer Unternehmenskultur, in der sie bevormundet wurden und in der Weiterbildung nur als Kostenfaktor, nicht aber als Investition galt. Die Menschen wurden im Grunde wie Sachen behandelt.

• In der Schule werden die Schüler nach Abschluß einer größeren Unterrichtseinheit zur Kontrolle abgehört. Sie durchblicken das System schnell, geben sich in den einzelnen Schulstunden keine Mühe mehr, und wenn es darauf ankommt, pauken sie sich in Panik den gesamten Stoff an einem einzigen Nachmittag ein. Oft glauben sie, solche Schnellverfahren führten auch im Erwachsenenleben zum Erfolg.

Die Lösung: Auf natürliche Prinzipien setzen

Es gibt Probleme, die mit den bekannten Methoden nicht gelöst werden können. Wir können nicht immer nur das tun, was gerade Spaß macht oder am bequemsten ist, weil wir natürlichen Gesetzen und Regelmäßigkeiten unterworfen sind. Diese wirken unabhängig davon, ob wir uns ihrer überhaupt bewußt sind oder sie in unser Leben einbeziehen.

Denken Sie etwa an einen Bauern: Er muß seinen Acker pflügen, säen, Unkraut jäten und für günstige Wachstumsbedingungen sorgen. Ähnlich ist es bei Eheproblemen oder in einer schwierigen Pubertätskrise: Es gibt keine schnelle Lösung, die aus etwas positivem

Denken und ein paar Erfolgsformeln besteht. Statt dessen regiert das Gesetz der Ernte, ob wir uns bewußt darauf einstellen oder nicht. Deshalb sollten Sie es ins Zentrum Ihres Lebens rücken, ins Zentrum Ihrer Beziehungen und ins Zentrum Ihres Unternehmens.

Wer versucht, andere Menschen nach Bedarf zu manipulieren – und gleichzeitig weder durch *Charakter* noch durch *Kompetenz* überzeugen kann –, erreicht damit langfristig nicht viel. Wo wenig oder kein Vertrauen herrscht, gibt es auch keine Grundlage für dauerhaften Erfolg. Rhetorisches Talent und gute Absichten reichen nicht aus. Wenn wir aber lernen, Menschen überzeugend zu führen, schaffen wir weit bessere Voraussetzungen für ihren und unseren Erfolg, weil wir ihre Energie freisetzen und ihr Potential erschließen.

Häufig denken wir, daß positive Veränderungen von außen statt von innen kommen müssen. Doch selbst wenn wir einsehen, daß es umgekehrt ist, glauben wir immer noch, daß der Erwerb neuer Fähigkeiten dabei eine wichtigere Rolle spielt als die Beschäftigung mit den Grundprinzipien des Lebens. Die Erfahrung zeigt jedoch, daß ein grundlegender Wandel nur dann möglich ist, wenn traditionelle Denkweisen aufgegeben werden. Diesen Vorgang nenne ich *Paradigmenwechsel*.

Die Übernahme prinzipienorientierter Führungsmethoden stellt einen solchen Paradigmenwechsel dar. Wir richten unsere Lebensweise und Führungsarbeit neu aus auf die für richtig befundenen Prinzipien. Ich werde in diesem Buch beschreiben, wie diese Grundsätze heißen, *warum* wir prinzipienorientiert leben sollen, und *wie* wir das erreichen können.

Menschliche Effektivität wird erst durch bestimmte *unumstößliche Prinzipien* ermöglicht – natürliche Gesetze, die ebenso unveränderlich sind wie das der Schwerkraft in der Physik. Diese Grundsätze sind Bestandteil jeder zivilisierten Gesellschaft und sie bilden sogar die Wurzeln einer jeden Familie.

Die Prinzipien, die ich meine, werden weder von uns noch von der Gesellschaft erfunden; es sind Gesetze des Universums, die für menschliche Beziehungen ebenso wie für alles gelten, was Menschen schaffen. Sie sind Teil des menschlichen Lebens, Bewußtseins und Gewissens. Wer Grundprinzipien wie Gerechtigkeit, Ehrlichkeit und Vertrauen anerkennt und in Harmonie mit ihnen lebt, entwikkelt sich weiter und gewinnt in zunehmendem Maße an Stabilität und Sicherheit. Wer dies nicht tut, geht den entgegengesetzten Weg und leidet unter seiner wachsenden inneren Zerrissenheit und Destruktivität.

Aus Erfahrung weiß ich, daß man Menschen, deren Persönlichkeit von den richtigen Prinzipien geprägt ist, instinktiv Vertrauen entgegenbringt. Das beweisen auch unsere langfristigen Beziehungen. Verhaltenstechniken sind relativ unwichtig gegenüber dem Faktor Vertrauen – wobei ich Vertrauen als das Ergebnis einer langfristig unter Beweis gestellten Glaubwürdigkeit definiere. In einer vertrauensvollen Atmosphäre kommunizieren wir leicht, mühelos, spontan. Auch wenn wir uns einmal im Ton oder im Wort vergreifen, verstehen die anderen, was wir sagen wollen. Wo jedoch wenig Vertrauen herrscht, ist die Kommunikation ermüdend, zeitaufwendig, ineffektiv und sehr schwierig.

An der eigenen Persönlichkeit zu arbeiten, ist relativ einfach: Wir brauchen nur neue Fertigkeiten zu erlernen, Sprachmuster zu verändern, Sozialtechniken einzuüben, mentales Training durchzuführen oder unsere Selbstachtung zu stärken. Vergleichsweise schwierig ist es jedoch, Gewohnheiten zu verändern, positive Eigenschaften zu entwickeln, Disziplin zu üben, Versprechen zu halten, Mut zu beweisen oder Gefühle und Überzeugungen anderer Menschen aufrichtig zu respektieren. Hier liegen die wahren Prüfsteine unserer Reife.

Ein stabiles Selbstwertgefühl zu entwickeln und sich gleichzeitig höheren Zielen und Prinzipien unterzuordnen – diesen scheinbar so paradoxen Anspruch müssen wir erfüllen, um zur höchsten menschlichen Vollendung zu gelangen und effektiv führen zu können.

Führen mit dem Kompaß

Ein richtiges Prinzip ist wie ein Kompaß: Es weist immer den richtigen Weg. Wer es zu deuten versteht, behält den eingeschlagenen Weg bei und widersteht allen Versuchungen, sich in die Irre leiten zu lassen.

Prinzipien sind Naturgesetze, die sich selbst beweisen und unveränderbar sind. Sie geben uns eine Orientierung und lenken uns. Prinzipien sind jederzeit und überall gültig. Sie treten in Form von Werten, Vorstellungen und Normen an die Oberfläche und führen uns zu menschlicher Vollkommenheit und Erfüllung. Die Geschichte lehrt, daß Menschen und Zivilisationen sich immer dann entfalten und aufblühen konnten, wenn sie nach den richtigen Prinzipien lebten. Umgekehrt liegen an der Wurzel gesellschaftlicher Zerfallserscheinungen immer Verhaltensweisen, die diesen Prinzipien zuwiderlaufen. Wie viele wirtschaftliche Katastrophen, interkulturelle Konflikte, politische Revolutionen und Bürgerkriege hätten verhindert werden können, wenn diese Tatsache berücksichtigt worden wäre?

Deshalb liegt der prinzipienorientierten Führung die Erkenntnis zugrunde, daß die natürlichen Gesetze nicht ungestraft verletzt werden können. Ob wir an sie glauben oder nicht, ihre Gültigkeit und Wirksamkeit hat sich durch Jahrhunderte hindurch bewiesen. Menschen und Unternehmen sind leistungsfähiger, wenn sie sich von diesen bewährten Prinzipien leiten lassen. Sie bieten jedoch keineswegs Patentlösungen für persönliche und zwischenmenschliche Probleme. Statt dessen soll ein lebenslanger Prozeß in Gang kommen, in dessen Verlauf Verhaltensweisen ausgebildet werden, die grundlegende Veränderungen im persönlichen und zwischenmenschlichen Bereich und damit letztendlich auch im Wirtschaftsleben ermöglichen.

Anders als Werte sind Prinzipien objektiv und allgemeingültig. Sie gehorchen Naturgesetzen und sind deshalb von äußeren Bedingungen unabhängig. Werte dagegen sind subjektiv und von Mensch zu Mensch verschieden. Werte sind wie Landkarten: Sie stellen nicht die geographischen Regionen selbst dar, sondern sind nur subjektive Versuche, diese abzubilden. Je mehr unsere Werte oder Landkarten den richtigen Prinzipien entsprechen – also den Dingen, wie sie wirklich sind –, desto genauer und nützlicher sind sie. Wenn eine Region sich jedoch ständig verändert, wenn Märkte sich in Bewegung befinden, dann ist auch die beste Landkarte schnell veraltet. Eine auf Werten basierende Landkarte mag eine nützliche Beschreibung darstellen, aber wirklich unschätzbare Dienste leistet der Kompaß. Eine exakte Landkarte ist ein gutes Handwerkszeug, ein guter Kompaß ein unfehlbares Führungsinstrument. Es ermöglicht uns, effektiv zu sein. Wenn wir uns ausschließlich auf Landkarten verlassen, vergeuden wir Zeit, Energien und Chancen.

Individuelle Einstellungen spiegeln oft gesellschaftliche Werte wider. Wir fangen schon in der Kindheit an, ein Wertesystem auszubilden, das sich aus kulturellen Einflüssen, eigenen Erfahrungen und der Familiengeschichte zusammensetzt. Es wird zur Brille, durch die wir die Welt sehen und die deshalb unser Verhalten maßgeblich bestimmt.

Ein häufig anzutreffendes reaktives Muster ist das Schubladen-Denken: Jede Schublade wird mit bestimmten Werten verbunden, die wiederum ein ganz bestimmtes Verhalten in den jeweiligen Rollen als Ehepartner, Elternteil, Kind oder Führungskraft bedingen. Konflikte sind vorprogrammiert, weil die Wertesysteme der einzelnen Schubladen widersprüchlich sein können. Re-aktiv orientierte Menschen versuchen dann, die widerstreitenden Erwartungen zu erfüllen und nach unterschiedlichen Werten zu leben, je nachdem, in welcher Rolle oder Umgebung sie sich gerade befinden.

Menschen, die im Gegensatz dazu beginnen, ihre Werte mit den richtigen Prinzipien in Einklang zu bringen, lösen sich von ihren alten Sichtweisen oder Paradigmen. Glaubwürdige Führungspersönlichkeiten zeichnen sich durch die Fähigkeit aus, sich höheren Zielen unterzuordnen – sie sind in der Lage, ihre Brille abzunehmen und zu analysieren, ob ihre Werte und Verhaltensweisen mit den Prinzipien übereinstimmen. Wo dies nicht der Fall ist – wo Vorurteile oder Unwissenheit vorherrschen –, unternehmen sie etwas dagegen. Der Respekt vor den unveränderlichen Prinzipien gibt ihrem Leben Kontinuität und spendet ihnen Kraft.

Vier Dimensionen

Respekt vor den richtigen Lebensprinzipien ist der Schlüssel zu der inneren Kraft, die wir brauchen, um unsere Träume zu verwirklichen. Dieses Wissen verleiht uns Sicherheit, es setzt innere Energien frei und gibt unserem Leben eine Struktur. Es steht im Zentrum unserer persönlichen und beruflichen Ziele und bringt Werte und Strukturen auf eine gemeinsame Linie.

Die Prioritäten, die jeder Mensch setzt, können seine Entwicklung fördern, aber auch hemmen. Im großen und ganzen gibt es vier grundlegende Dimensionen in der Gestaltung unseres Lebens: Sicherheit, Orientierung, Kraft und Weisheit. Wer prinzipienorientiert lebt und führt, fördert und entwickelt gleichzeitig auch diese vier Quellen innerer Stärke.

Die verschiedenen Lebenszentren

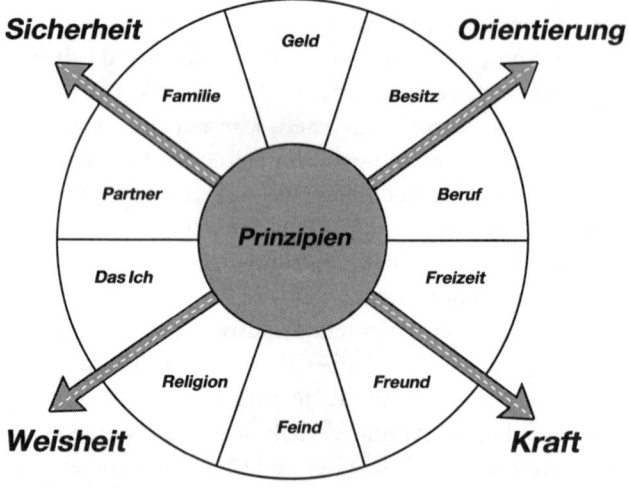

Welche Folgen hat es nun, wenn wir einen anderen Mittelpunkt als die richtigen Prinzipien wählen? Was geschieht, wenn wir uns zu sehr auf Beruf oder Freizeit, auf Freunde, Feinde, Partner oder die Familie, auf die eigene Person oder Besitz und Geld konzentrieren? Wir schwächen uns und geraten in eine tiefe Verunsicherung. Wenn wir etwa zu großen Wert auf das Bild legen, das andere von uns haben, lassen wir uns von ihrer Meinung leiten und kontrollieren. Wenn es uns an Sicherheit und Selbstachtung fehlt, geraten wir in emotionale Abhängigkeit. Wenn es uns an Weisheit fehlt, wiederholen wir Fehler der Vergangenheit. Wenn es uns an Orientierung fehlt, folgen wir jedem Modetrend und führen Begonnenes nicht zu Ende. Wenn es uns an Kraft fehlt, werden wir zum Spielball unserer Umgebung und unserer Launen.

Wenn wir jedoch unser Leben auf die korrekten Prinzipien ausrichten, werden wir ausgeglichener und innerlich gefestigter – kurz: Wir werden effektiver. Wir haben ein Fundament für unser Handeln, unsere Beziehungen und Entscheidungen. Gleichzeitig können wir sicher sein, daß es in unserem Leben höhere Ziele gibt. Sie bestimmen unseren Umgang mit Zeit, Geld, Besitz, Beziehungen, Familie und Gesundheit, der so verantwortungsvoll wie möglich sein muß. Wir wissen, daß wir all diese Dinge nur in guter Absicht einsetzen dürfen und verantwortungsvoll damit umgehen müssen.

Die Unverletzbarkeit der richtigen Prinzipien bewahrt uns davor, von Veränderungen oder Kritik erschüttert zu werden; sie vermittelt uns Orientierung, damit wir unsere Berufung finden, unsere Rollen definieren und Ziele festschreiben; sie fördert Weisheit, damit wir aus Fehlern lernen; und sie gibt uns die Kraft, auch unter Belastungen noch fair mit anderen Menschen zu kommunizieren und zu kooperieren.

• *Sicherheit:* Mit Sicherheit ist unser Sinn für Identität, emotionalen Halt und Selbstachtung gemeint. Stellen Sie sich ein Kontinuum vor: An einem Ende steht ein fest verankertes Selbstwertgefühl, das andere ist von extremer Unsicherheit und Verletzbarkeit geprägt.

• *Orientierung:* Orientierung ist die Richtung, die unser Leben erhält. Sie wird maßgeblich durch Normen und Prinzipien bestimmt. Auch hier kann man sich wieder ein Kontinuum vorstellen: An einem Ende stehen oft ein ausgeprägtes Suchtverhalten und emotionale Abhängigkeit, weil der Lebensstil auf Eigennutz und Vergnügen ausgerichtet ist. In der Mitte des Kontinuums befindet sich die Ausbildung eines sozialen Gewissens, ermöglicht durch die Konzentration auf Traditionen und Beziehungen. Am anderen Ende des Kontinuums steht das Gewissen, das sich in vollkommener Übereinstimmung mit den wahren Prinzipien befindet.

• *Weisheit:* Mit Weisheit ist eine kluge Sichtweise gemeint. Ein weiser Mensch versucht zu verstehen, wie sich die Mosaiksteine des Lebens zusammenfügen und die wahren Prinzipien anwenden lassen. Dazu benötigt er Urteilsvermögen, Unterscheidungsfähigkeit und Erkenntniskraft. Weisheit läßt sich nicht aufsplittern, sie ist ein unteilbares Ganzes. An einem Ende des Weisheitskontinuums stehen ungenaue Landkarten, die dazu verleiten, nach unharmonischen Prinzipien zu leben. Am anderen Ende befindet sich ein exakter Lebenskompaß: Die Prinzipien stehen im richtigen Verhältnis zueinander. Je mehr wir uns diesem Zustand nähern, desto stärker wird uns bewußt, wie das Leben sein sollte, und wie es in Wirklichkeit ist. Zur Weisheit gehört auch die Fähigkeit, reine Freude von flüchtigem Vergnügen zu unterscheiden.

• *Kraft:* Kraft ist die Fähigkeit, zu handeln und etwas zu vollbringen. Kraft ist die lebenswichtige Energie, Entscheidungen zu treffen. Kraft ist auch das Vermögen, tief verwurzelte Gewohnheiten aufzugeben und effektivere Verhaltensweisen anzunehmen. An einem Ende des Kontinuums stehen Schwäche und Unsicherheit. Menschen, die sich dort befinden, sind wehrlos äußeren Umständen und Einflüssen ausgesetzt. Sie bilden sich keine eigene Meinung, sondern übernehmen die anderer. Sie wissen nicht, was wirkliche Freude und wirkliches Glück sind. Am anderen Ende des Kontinuums stehen visionäres Denken und Disziplin. Die Menschen entscheiden selbst über ihr Leben und sind weniger von äußeren Umständen abhängig. Sie bewirken etwas, sind pro-aktiv und handeln nach unvergänglichen Prinzipien und universalen Gesetzen. Sie übernehmen die Verantwortung für ihre Gefühle und Einstellungen sowie für ihr Denken und Handeln.

Diese vier Faktoren – Sicherheit, Orientierung, Weisheit und Kraft – bedingen sich gegenseitig. Sicherheit und die richtige Orientierung führen zu wahrer Weisheit, und Weisheit wiederum ist der Funke oder Katalysator, mit dem Kraft freigesetzt und in die richtigen Bahnen gelenkt wird. Wenn diese vier Faktoren in einem harmonischen Verhältnis zueinander stehen, hat ein Mensch eine reife, charakterstarke und ausgeglichene Persönlichkeit.

Zentren in Organisationen

Zur prinzipienorientierten Führung gehören die Sieben Wege zur Effektivität und die damit verknüpften Grundprinzipien. Aus dieser Konzentration auf das Wesentliche resultieren oft revolutionäre Erneuerungen der Unternehmenskultur.

Wenn Sie Prinzipien ins Zentrum Ihres Lebens gerückt haben, werden Sie bald feststellen, daß es nur einen Weg gibt, mit anderen Menschen umzugehen: Man muß sie so behandeln, wie man selbst gerne behandelt werden möchte. Sie erkennen auch, daß der Wettbewerb eine Chance dafür bietet, auf dem jeweils neuesten Stand der Entwicklung zu sein und eigene Schwächen frühzeitig zu entdecken. Sie fühlen sich durch diese Herausforderung jedoch in Ihrer Identität nicht bedroht, weil Sie einen Anker und einen Kompaß haben. Auch in turbulenten Zeiten behalten Sie Augenmaß und Urteilsvermögen. Und Sie beziehen Ihre Kraft stets aus sich selbst heraus.

Die verschiedenen Unternehmenszentren

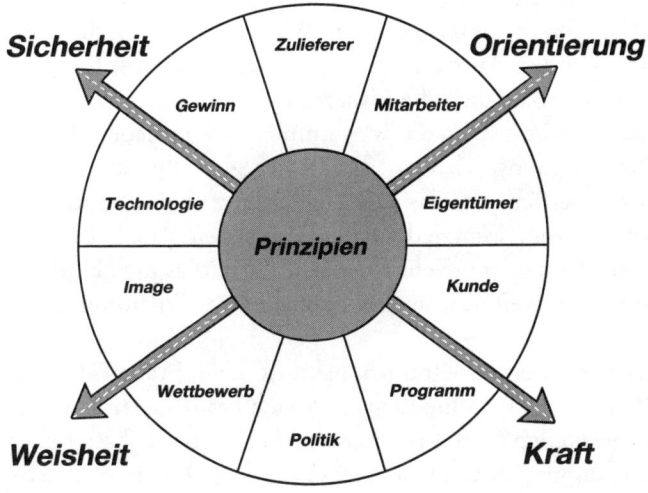

Welchen Stellenwert haben die Faktoren Gewinn, Zulieferer, Mitarbeiter, Eigentümer, Kunden, Programm, Politik, Wettbewerb,

Image und Technologie? Kein Faktor sollte oberste Priorität bekommen – weil nämlich das prinzipienorientierte Paradigma über ihnen steht. Ebenso wie Menschen verfügen auch prinzipienorientierte Unternehmen über mehr Sicherheit, Orientierung, Kraft und Weisheit.

Stellen Sie sich ein Unternehmen vor, das seine Sicherheit aus seinem Image oder aus dem Cash Flow oder aus dem Vergleich mit der Konkurrenz oder aus den Beurteilungen der Kunden bezieht. Die Geschäftsleitung tendiert wahrscheinlich dazu, auf neue Entwicklungen oder auf Tagesereignisse entweder zu heftig oder zu schwach zu reagieren. Darüber hinaus kann man davon ausgehen, daß die Manager das Geschäft (und das Leben überhaupt) als ein Nullsummenspiel sehen, daß sie die Erfolge anderer als Bedrohung empfinden und sich dementsprechend über deren Niederlagen freuen. Wenn jedoch Sicherheit auf der Schwäche anderer basiert, lassen wir uns in Wirklichkeit von dieser beherrschen.

Wirkliche Stärke besitzt, wer die Prinzipien *und* ihre praktische Bedeutung verstanden hat und sie auf allen Unternehmensebenen anwendet. Die Praxis beantwortet die Frage nach dem *Was*, die Prinzipien dagegen die Frage nach dem *Warum*. Man muß die Prinzipien einer bestimmten Aufgabe verstehen, weil man sonst handlungsunfähig wird, sobald sich die Situation verändert und andere Handlungsweisen nötig sind, um weiterhin Erfolg zu haben. In der Aus- und Weiterbildung wird oft der Fehler gemacht, daß Fähigkeiten vermittelt werden, um das *Wie* zur Lösung einer bestimmten Aufgabe zu erklären. Wenn jedoch nicht gleichzeitig auch die zugrundeliegenden Prinzipien gelehrt werden, führt dies die Schüler in eine Abhängigkeit, weil sie immer wieder auf neue Anleitungen angewiesen sind.

Prinzipienorientierte Führungskräfte sind Frauen und Männer mit Charakter, die kompetent und nach natürlichen Prinzipien arbeiten. Sie stellen diese Prinzipien in das Zentrum ihres Lebens, ihrer Beziehungen, ihrer Pläne, ihres Führungsverhaltens und der Unternehmensziele.

Die Aufgabe heißt: Licht sein, und nicht Schatten; Vorbild sein, und nicht Kritiker.

Teil 1

Effektivität im persönlichen und zwischenmenschlichen Bereich

Einleitung

Schon seit längerer Zeit bin ich der Meinung, daß für persönliche Entwicklungsprozesse Modelle gewählt werden sollten, die ein schrittweises Vorgehen ermöglichen. Ich habe nämlich den Eindruck, daß Produkte und Dienstleistungen, die »schnelle, einfache, problemlose« Resultate in Aussicht stellen – gleichgültig, ob es sich um eine Diät oder einen Sprachkurs handelt –, nicht auf den richtigen Prinzipien beruhen. Trotzdem bedient sich fast jeder Werbespot eines dieser Adjektive, um uns zum Kauf anzuregen. Kein Wunder, daß viele Menschen auch auf Instant-Lösungen zurückgreifen möchten, wenn es um ihre Persönlichkeitsentwicklung geht. Erfolg über Nacht ist gefragt.

Im nun folgenden Teil des Buches möchte ich darlegen, daß eine wirkliche charakterliche Weiterentwicklung ohne die Beachtung der Naturgesetze und der leitenden Prinzipien nicht möglich ist. Erst sie geben uns die Kraft, uns von der Vergangenheit und von alten Gewohnheiten zu lösen, unsere Paradigmen zu verändern und primäre Größe und zwischenmenschliche Effektivität zu erlangen.

Natürlich leben wir nicht allein und isoliert auf einer Insel. Wir werden in eine Familie hineingeboren, wir wachsen in einem sozialen Umfeld auf, besuchen Schule und Universität, schließen uns Vereinen an. Im Berufsleben erfahren wir schnell, wie wichtig es ist, mit anderen Menschen umgehen zu können, und zwar auf effektive Weise. Wenn wir die Prinzipien der interpersonalen Effektivität nicht anwenden, stagniert unsere Entwicklung.

Deshalb beschreibe ich nun die Einstellungen, Fähigkeiten und

Strategien, die man benötigt, um vertrauensvolle Beziehungen zu anderen Menschen aufzubauen und zu pflegen. Sobald wir eine relative Unabhängigkeit erlangt haben, müssen wir uns weiterbemühen und eine effektive Interdependenz mit anderen anstreben. Einfühlungsvermögen und Synergie heißen die Stichwort, wenn wir proaktiv und produktiv sein wollen.

Konflikt-Lösungen

Die großen Umwälzungen in der Geschichte der Menschheit fanden immer dann statt, wenn alte Denkweisen, Modelle und Paradigmen als falsch erkannt und durch neue ersetzt wurden. Die prinzipienorientierte Führung ist ein solches aufbrechendes Paradigma – eine neue Denkweise, die hilft, die typischen Konflikte des modernen Lebens zu lösen:

- Wie schaffen wir ein vernünftiges, beständiges Gleichgewicht zwischen Arbeit und Familie und zwischen persönlichen und beruflichen Ambitionen, wenn eine Krise der anderen folgt?
- Wie stellen wir in einer komplexen Welt einfache und geordnete Strukturen her?
- Wie behalten wir die Orientierung, wenn gute »Landkarten« (Strategien und Pläne) immer schneller veralten?
- Wie schaffen wir es, den Schwächen anderer mit Mitgefühl und Verständnis statt mit Vorwürfen und Selbstgerechtigkeit zu begegnen?
- Wie ersetzen wir Vorurteile (»Schubladendenken« zum Zwecke der Manipulation) durch Respekt und Neugierde, um andere in ihren Leistungen zu fördern?
- Wie schöpfen wir Kraft und geben sie an andere weiter?
- Wie unterstützen wir andere in ihrem Bemühen, sich zu verändern, ohne dabei mehr Schaden als Nutzen anzurichten?
- Wie können wir Teams aufbauen, deren Mitglieder sich respektieren?
- Wie schöpfen wir neue Energien, um zu lernen und uns weiterzuentwickeln?

Für die Beantwortung all dieser Fragen ist es entscheidend, die Grundprinzipien der effektiven persönlichen Führung zu verstehen. Danach sind Sie in der Lage, auf diese und andere wichtige Fragen selbst eine Antwort zu finden.

Vier Ebenen, vier Prinzipien

Ein Mensch, der die Grundsätze der prinzipienorientierten Führung beachtet, handelt von innen heraus auf vier Ebenen:

1. *auf der persönlichen Ebene:* die Beziehung zu sich selbst;
2. *auf der zwischenmenschlichen Ebene:* Beziehungen und Interaktionen mit anderen;
3. *auf der Führungsebene:* Verantwortung für die Durchführung von Aufgaben mit anderen Menschen;
4. *auf der Unternehmensebene:* das Bedürfnis, sinnvoll zu organisieren – Mitarbeiter einzustellen, fortzubilden, zu bezahlen, Teams aufzubauen, Probleme zu lösen und die dazu erforderlichen Strukturen und Strategien zu schaffen.

Jede Ebene ist notwendig, aber für sich alleine nicht ausreichend. Wir müssen auf allen diesen Ebenen bestimmte Prinzipien beachten. Zunächst werde ich mich auf die ersten beiden Prinzipien konzentrieren:

- *Glaubwürdigkeit* auf der *persönlichen* Ebene. Zur Glaubwürdigkeit eines Menschen gehören *Charakter* – Wer ist er? – und *Kompetenz* – Was kann er? Wenn man ihm in charakterlicher Hinsicht vertraut, an seiner Kompetenz aber zweifelt, dann herrscht kein wirkliches Vertrauen. Viele Menschen verlieren im Laufe der Zeit ihre berufliche Glaubwürdigkeit, weil sie denken, daß sie ihre fachliche Weiterentwicklung ungestraft vernachlässigen könnten. Ohne Charakter und Kompetenz sind wir jedoch nicht glaubwürdig und können Entscheidungen nicht mit dem nötigen Sachverstand treffen. Eine gezielte und kontinuierliche berufliche Entwicklung ist die Voraussetzung für Glaubwürdigkeit und Vertrauen.

- **Vertrauen** auf *zwischenmenschlicher Ebene.* Auf dem Fundament der Glaubwürdigkeit des einzelnen entsteht das Vertrauen in zwischenmenschlichen Beziehungen. Vertrauen ist wie ein emotionales Bankkonto: Wenn der Inhaber über ein Guthaben verfügt, kann er es sich leisten, Gewinn-Gewinn-Leistungsvereinbarungen zu treffen. Ein befriedigender Austausch, gegenseitiges Verständnis, Synergie und produktive Interdependenz werden möglich. Eine eventuell bestehende fachliche Inkompetenz kann durch entsprechende Trainings- und Entwicklungsmaßnahmen behoben werden. Bei charakterlichen Defiziten gilt es, die innere Sicherheit zu erhöhen und vertrauensvolle Beziehungen wieder aufzubauen, etwa durch Vorsätze und Versprechen, die dann auch eingehalten werden müssen.

Ob in privaten Beziehungen oder im Geschäftsleben, in der Industrie, im Erziehungswesen oder in der Regierung – über Erfolg und Mißerfolg entscheidet letztlich der Faktor Vertrauen.

Die vier Ebenen der prinzipienorientierten Führung und die Schlüssel-Prinzipien

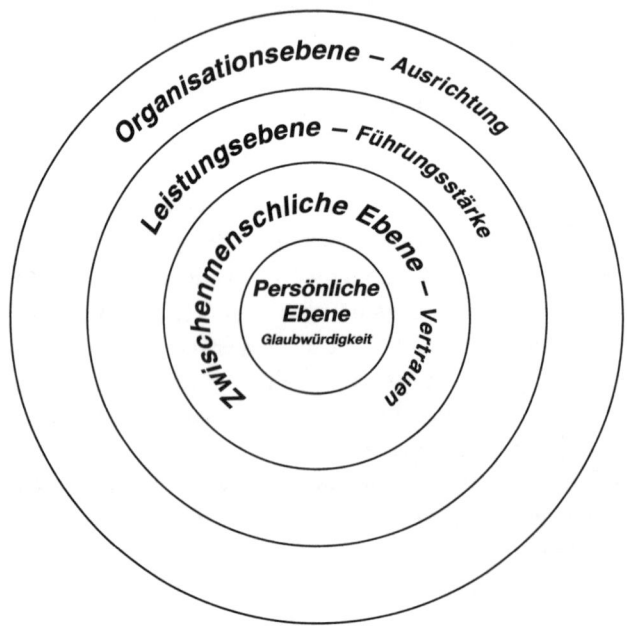

Kapitel 1

Kennzeichen prinzipienorientierter Führungspersönlichkeiten

Menschen, die prinzipienorientiert führen, zeichnen sich durch acht Eigenschaften aus, auf die ich im Rahmen meiner beruflichen Tätigkeit immer wieder gestoßen bin. Sie finden sich jedoch nicht nur bei effektiven Führungspersönlichkeiten, sondern auch bei allen anderen Menschen, die Fortschritte in ihrer Persönlichkeitsentwicklung machen. Ich werde auf jede dieser Eigenschaften kurz eingehen.

Sie hören nie auf zu lernen

Prinzipienorientierte Menschen lernen aus ihren Erfahrungen. Sie lesen, bemühen sich um ihre Weiterbildung, besuchen Kurse, hören anderen zu und nutzen jede Gelegenheit, Unbekanntem auf den Grund zu gehen. Sie sind neugierig und stellen Fragen. Sie erweitern ihre Kompetenz und ihre Fähigkeiten kontinuierlich. Sie stellen fest: Je mehr sie wissen, desto bewußter wird ihnen, daß sie nichts wissen. Die Energie für einen solchen permanenten Lernprozeß gewinnen sie aus sich selbst.

Fähigkeiten lassen sich am besten entwickeln, wenn man lernt, Vorsätze zu fassen und dann auch einzuhalten. Fangen Sie klein an: Fassen Sie einen Vorsatz und halten Sie sich daran, bis Sie glauben, sich etwas besser unter Kontrolle zu haben. Nun nehmen Sie die nächste Stufe in Angriff. Geben Sie sich ein Versprechen und halten Sie es, bis Sie auch hier sicher sind, selbstbestimmt zu handeln. So wächst Ihr Selbstwertgefühl, und Sie werden von Tag zu Tag sicherer, weil Sie wissen, daß Sie selbst über Ihr Handeln bestimmen können. Außerdem entwickeln Sie das Vertrauen, das nötig ist, um die nächsthöhere Stufe zu bewältigen. Dieser Prozeß muß ernsthaft betrieben werden. Wenn Sie festen Vorsätzen wiederholt untreu werden, leidet Ihre Selbstachtung darunter. Darüber hinaus sinkt Ihre Bereitschaft, einen erneuten Versuch zu unternehmen und weiter an sich zu arbeiten.

Sie handeln für andere

Menschen, die nach Prinzipien führen, sehen ihr Arbeitsleben als Berufung und nicht als verheißungsvolle Karriere. Diese Sichtweise wurde ihnen schon mit der Erziehung vermittelt. Jeden Tag wird ihnen aufs neue bewußt, daß sie für das Wohl anderer Menschen nur sorgen können, wenn sie ihre eigenen Bedürfnisse zurückstellen.

Stellen Sie sich vor, die Aufgaben eines Tages liegen auf einem Wagen. Jeden Morgen würden Sie ihr Geschirr anlegen. Sie nehmen die Riemen und legen sie um ihre Schultern, während Sie sich auf alle Anforderungen vorbereiten. Stellen Sie sich nun vor, ein anderer Mensch spannt Sie ins Joch. Oder Sie sind mit einem Menschen neben Ihnen angeschirrt – einem Mitarbeiter oder Ehepartner –, und Sie lernen, gemeinsam mit dieser Person zu ziehen.

Ich lege so viel Wert auf das Denken und Handeln für und mit anderen, weil ich zu der Überzeugung gekommen bin, daß man nicht prinzipienorientiert führen kann, ohne eine Last zu tragen. Prinzipienorientiertes Führen ist keine intellektuelle oder moralische Trockenübung. Erst Verantwortungsgefühl und die Bereitschaft zur Teilnahme machen daraus ein wirklich sinnvolles und erfolgversprechendes Unterfangen.

Sie strahlen positive Energie aus

Prinzipienorientierte Menschen sind heiter und ausgeglichen, sie wirken optimistisch und positiv. Von ihnen gehen Begeisterungsfähigkeit und Zuversicht aus.

Diese positive Energie umgibt sie wie eine Aura, die schwächere oder negative Felder in ihrer Umgebung auflädt oder verändert. Außerdem ziehen sie Menschen mit ähnlichen positiven Feldern an und verstärken diese. Umgekehrt verhält es sich, wenn sie mit starken negativen Energien in Berührung kommen: Sie werden neutralisiert oder umgangen. Ihre Erfahrung hilft diesen Menschen zu erkennen, mit welchen Feldern sie es zu tun haben, und sie gibt ihnen den nötigen Humor für den Umgang mit ihnen.

Wie wirken Ihre eigenen Energien auf andere? Welche Aura geht von Ihnen aus, und in welche Richtung wirkt sie? Versuchen Sie, inmitten negativer Energien Frieden zu stiften oder Harmonie herbeizuführen, indem sie destruktive Potentiale neutralisieren oder in positive Energie umwandeln! Sie werden feststellen, welche Macht die positive Energie gewinnt, wenn sie mit dem nachfolgend beschriebenen Merkmal kombiniert wird.

Sie glauben an andere Menschen

Prinzipienorientierte Menschen zeigen keine Überreaktionen auf Kritik oder menschliche Schwächen. Es bereitet ihnen keine persönliche Befriedigung, anderen einen Fehler nachweisen zu können. Dabei sind sie keinesfalls naiv, denn sie nehmen die Schwachpunkte durchaus wahr. Aber sie wissen, daß das Verhalten und das Potential eines Menschen zwei Paar Stiefel sind und glauben an seine verborgenen Fähigkeiten. Sie sind dankbar für ihre Gaben und Talente, können Kränkungen vergeben und vergessen und tragen nie alten Groll mit sich herum. Sie weigern sich, andere Menschen in Schubladen zu stecken oder ihnen ein Etikett aufzukleben. Statt dessen sehen sie im Samen schon den Baum und wissen, wie man ihm dazu verhilft, groß und kräftig zu werden.

Meine Frau und ich mußten einmal feststellen, daß wir einen unserer Söhne in eine Schublade gesteckt hatten. Dabei rechtfertigte sein Verhalten unsere Reaktion durchaus. Erst als wir uns wirklich darauf einließen, sein Potential wahrzunehmen, sahen wir ihn in einem anderen Licht. Weil wir an seine verborgenen Fähigkeiten zu glauben begannen, verschwanden die alten Etiketten ganz von alleine, und wir konnten endlich mit unseren Versuchen aufhören, ihn über Nacht zu verändern. Wir wußten, daß sein Potential sich zur rechten Zeit entfalten würde. Genau so geschah es dann zum großen Erstaunen seiner Umgebung, einschließlich einiger Mitglieder der Familie. Meine Frau und ich wunderten uns nicht, weil wir wußten, wer er wirklich war.

Der Satz »Glauben bedeutet sehen« beweist sich immer wieder aufs neue. Wir müssen deshalb versuchen, an das verborgene Potential eines jeden Menschen zu glauben. So schaffen wir ein gutes *Klima für Wachstum*. Ich-bezogene Menschen glauben, der Schlüssel müsse in ihnen selbst liegen, in ihren Techniken und Methoden. Damit stoßen sie aber bald an Grenzen. Wenn man dagegen auch anderen Menschen Entwicklungsmöglichkeiten zugesteht, fällt es viel leichter, sich zurückzunehmen und den Dingen ihren Lauf zu lassen. Jedenfalls wirken die Erwartungen, die man in bezug auf andere Menschen hat, so stark, daß sie fast zwangsläufig in Erfüllung gehen.

Sie sind mit sich im Gleichgewicht

Sie lesen und halten sich über das Weltgeschehen informiert. Sie haben viele Freunde und einige Vertraute. Sie verfolgen viele Interessen und nutzen jede Gelegenheit, um zu beobachten und dazuzulernen. Innerhalb der Grenzen, die ihnen Alter und Gesundheit setzen, sind sie körperlich aktiv. Sie können schöne Dinge genießen, haben einen gesunden Sinn für Humor, der nicht auf Kosten anderer geht. Man glaubt ihnen sofort, daß sie auch sich selbst gegenüber ehrlich sind.

Sie wissen um ihren Wert. Das erkennt man daran, daß sie nicht das Bedürfnis haben, ihn durch Statussymbole, Titel oder den Verweis auf ihre Leistungen zu erhöhen. Sie können offene und direkte Gespräche führen und manipulieren andere nicht. Ihr Sinn für das Angemessene läßt sie eher untertreiben als übertreiben.

Extreme liegen ihnen ebensowenig wie Schwarzweißmalerei. Sie denken in Prozessen, ordnen nach Prioritäten und treffen Entscheidungen nach Gewichtung. Sie können Situationen unterscheiden und zuordnen. Das bedeutet nicht, daß sie nur situationsgebunden reagieren. Sie setzen sich für das Gute ein und bekämpfen das Böse.

Ihr Handeln wird vom Grundsatz der Verhältnismäßigkeit bestimmt. Sie sind keine Workaholics und keine religiösen Eiferer, keine politischen Fanatiker und keine Diätapostel, nicht eß- und vergnügungssüchtig. Sie unterwerfen sich nicht sklavisch ihren Plänen und Terminkalendern. Sie quälen sich nicht nach jedem Fehler oder Patzer mit Selbstvorwürfen. Sie brüten nicht über Vergangenes oder geben sich Tagträumen über die Zukunft hin. Statt dessen verstehen sie es, vernünftig in der Gegenwart zu leben, die Zukunft angemessen zu planen und sich veränderten Umständen flexibel anzupassen. Sie besitzen die Fähigkeit zur Selbstkritik ohne Selbstzerfleischung und konzentrieren sich auf Aufgaben, die innerhalb ihres Einflußvermögens stehen, statt Unerreichbarem nachzujagen.

Sie wollen andere Menschen weder einschüchtern noch manipulieren. Statt dessen können sie sich aufrichtig über deren Erfolge freuen, weil sie nicht das Gefühl haben, ihr Stück vom Kuchen würde dadurch kleiner. Lob nehmen sie entgegen, ohne daß es ihnen zu Kopf steigt, und Kritik, ohne sich angegriffen zu fühlen. Sie sehen den Erfolg als Kehrseite des Mißerfolgs. Versagen kann einzig und allein derjenige, der aus seinen Erfahrungen nicht lernt.

Sie sehen das Leben als ein Abenteuer

Prinzipienorientierte Menschen kosten das Leben aus. Weil ihre Sicherheit von innen und nicht von außen kommt, brauchen sie kein Schubladendenken und keine Stereotype, an denen sie sich festhalten müßten. Sie haben die Fähigkeit, vertraute Gesichter und bekannte Situationen neu zu entdecken, so als sähen sie sie das erste Mal. Sie sind wie Forscher, die auf eine Expedition in unbekannte Regionen ziehen; sie wissen nicht, was sie erwartet, aber sie glauben fest daran, daß sie etwas Aufregendes erleben, neue Gebiete entdecken und neues Wissen erschließen werden. Ihre Sicherheit liegt in dem begründet, was sie selbst mitbringen: Initiative, Kreativität, Willen, Mut, Durchhaltevermögen und Intelligenz. Sie können auf die Sicherheit, den Schutz und die Annehmlichkeiten ihrer Häuser oder der Umgebung, in der sie sich zu Hause fühlen, verzichten.

Sie betrachten bekannte Menschen immer wieder mit neuen Augen – weil sie sich für sie interessieren und bereit sind, von ihnen zu lernen. Sie heften ihnen keine Etiketten an, nur weil sie sich irgendwann einmal Verdienste erworben oder Niederlagen erlitten haben. Weder ein hochrangiges Mitglied der Regierung noch ein Prominenter können sie alleine durch ihren Status in den Bann ziehen. Sie sind in der Lage, sich auf alle Situationen einzustellen, mit denen sie konfrontiert werden. Zu ihren festen Prinzipien gehört Flexibilität. Sie führen ein erfülltes Leben.

Sie ermöglichen Synergie

Synergie bedeutet, daß das Ganze mehr ist als die Summe seiner Teile. Nach diesem Grundsatz handeln prinzipienorientierte Menschen. Sie wirken als Katalysatoren für Veränderungen, indem sie fast jeder Situation, in der sie sich befinden, etwas Gutes abgewinnen. Sie arbeiten ebenso klug wie hart. Sie finden neue und kreative Wege und sind dabei erstaunlich produktiv.

Im Team bauen sie auf ihre Stärken und versuchen, Schwachpunkte auszugleichen. Das Delegieren fällt ihnen leicht, weil sie ganz selbstverständlich an die Stärken und Fähigkeiten ihrer Mitarbeiter glauben. Weil sie sich nicht bedroht fühlen, wenn andere ihnen in manchen Dingen überlegen sind, verspüren sie auch nicht das Bedürfnis nach strenger Kontrolle.

Wenn prinzipienorientierte Führungskräfte in Verhandlungen sind, bei denen es scheinbar unvereinbare Gegensätze gibt, sind sie in der Lage, den Menschen von der Sache zu trennen. Sie konzentrieren sich auf die Interessen und Belange des anderen, statt um Standpunkte zu kämpfen. Allmählich bemerken ihre Gesprächspartner, daß sie es ehrlich meinen, und sie werden selbst ein Teil des kreativen Problemlösungsprozesses. So können sie gemeinsam synergetische Lösungen erarbeiten, die den ursprünglichen Vorschlägen fast immer weit überlegen sind. Und die besser sind als die meisten Kompromißlösungen, bei denen beide Parteien ein wenig geben und nehmen.

Sie bemühen sich um Selbsterneuerung

Sie üben sich regelmäßig in den vier Dimensionen der menschlichen Persönlichkeit: der körperlichen, geistigen, emotionalen und spirituellen.

Sie treiben mäßig, aber regelmäßig Sport, etwa Aerobic, und achten dabei besonders auf das Training von Herz und Kreislauf. So steigern sie ihre Kondition und profitieren von den vielen anderen Vorteilen für Körper und Geist, die eine sportliche Betätigung bietet.

Den Geist halten sie durch Lesen, kreative Problemlösungsübungen, Schreiben und mentales Training wach. Auf emotionaler Ebene versuchen sie, geduldig zu sein, anderen mit echter Anteilnahme zuzuhören, bedingungslos zu lieben und die Verantwortung für das eigene Leben und die eigenen Entscheidungen zu übernehmen. In spiritueller Hinsicht konzentrieren sie sich auf das Gebet und das Studium der Bibel, sie meditieren und fasten.

Ich bin überzeugt davon, daß jeder Mensch, der sich täglich eine Stunde lang in diesen vier Dimensionen übt, die Qualität, die Produktivität und die Erfülltheit jeder anderen Stunde des Tages steigern kann – und er wird tiefer und erholsamer schlafen.

Keine andere Stunde des Tages wird so viel einbringen wie diese, in der Sie Ihre Persönlichkeit ausbilden. Sie bemerken bald in den unterschiedlichsten Situationen, wie positiv sich diese Investition auf Ihr Leben auswirkt.

Manche Übungen lassen sich in den normalen Tagesablauf eingliedern, andere müssen geplant werden. Sie nehmen zwar Zeit in Anspruch, aber langfristig gesehen sparen sie auch Zeit. Wer sägt, muß ab und zu innehalten, um seine Säge zu schärfen; wer eine Autofahrt macht, muß ans Tanken denken.

Diese eine Übungsstunde früh am Morgen ist schon ein privater

Sieg und beinahe eine Garantie für die öffentlichen Siege während des Tages. Wer jedoch den Weg des geringsten Widerstandes wählt und das ganze Programm oder einen Teil davon vernachlässigt, verspielt bereits den privaten Sieg. Druck und Streß höhlen dann immer mehr aus.

Diese Prinzipien der Selbsterneuerung bringen allmählich einen starken und gesunden Charakter mit einem kraftvollen, disziplinierten, andere einbeziehenden Willen hervor.

Kapitel 2

Rückblick auf die Sieben Wege zur Effektivität

Die sieben Gaben des Menschen

Um Ihnen die sieben Wege zur Effektivität aus meinem gleichnamigen Buch noch einmal zu verdeutlichen, will ich nun die Fähigkeiten beschreiben, die mit den einzelnen Wegen in besonderem Maß verknüpft sind.

Die Wege 1, 2 und 3 erfordern *primäre* menschliche Gaben. Wenn ein Mensch diese sinnvoll nutzt, kann er sich durch Übung der Wege 4, 5 und 6 die *sekundären* Gaben erschließen. Mit dem Weg 7 ist schließlich die Fähigkeit der Selbst-Erneuerung verbunden.

Die primären menschlichen Gaben sind:

1. Selbstbewußtsein und Selbsterkenntnis;
2. Vorstellungskraft und Gewissen;
3. Willenskraft.

Die sekundären Gaben sind:

4. die Mentalität des Teilens (»Es ist genug für alle da«);
5. Mut und Rücksicht;
6. Kreativität.

Die siebte Gabe ist Selbst-Erneuerung. All dies sind spezifisch menschliche Fähigkeiten, die in unterschiedlicher Ausprägung vorkommen. Das Bild des Kontinuums eignet sich besonders gut zu ihrer Darstellung, weil es die Entwicklung von niedrigen zu höheren Ebenen illustriert.

• Verknüpft mit *Weg 1 – Pro-aktiv sein* – ist die Gabe der *Selbster-kenntnis* oder des *Selbst-Bewußtseins:* Der Mensch ist in der Lage, seine Reaktionen selbst zu bestimmen. Am unteren Ende des Konti-nuums stehen ineffektive Menschen, die keine Verantwortung für sich übernehmen. Irgendein äußerer Umstand, ein Kollege, ein Freund oder auch ein völlig Unbeteiligter findet sich immer, dem sie die Schuld für Mißerfolge zuschieben. Wer jedoch anderen die Ver-antwortung überläßt, gibt ihnen in Wirklichkeit Macht, selbst wenn sie tatsächlich schwach sind. Dann ist es auch nicht mehr schwer, zu beweisen, wie recht man mit dem Eindruck hatte, daß die anderen das eigentliche Problem darstellen.

Die sieben Wege des Reifekontinuums

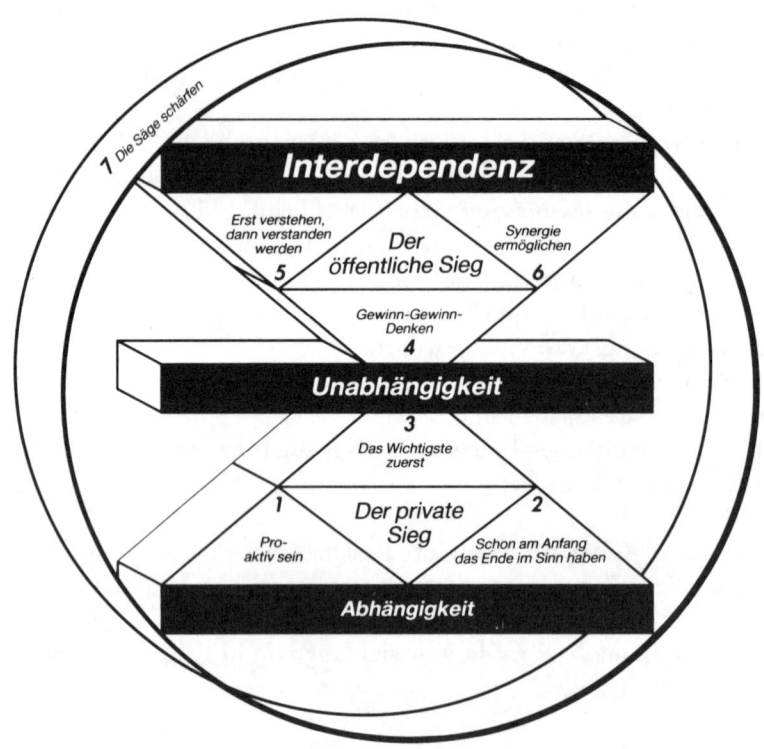

Am oberen Ende des Kontinuums steht Selbsterkenntnis: »Ich kenne meine Stärken und Schwächen, ich kenne das Drehbuch für mein Leben, aber niemand hat mich dazu verurteilt, es zu akzeptieren. Ich kann es umschreiben.« Menschen, die hier angelangt sind, haben erkannt, daß nur sie selbst ihr Leben gestalten können. Sie wissen, daß man nicht unausweichlich zum Opfer von Umwelt und Erziehung werden muß. Denn wir alle können wählen: Wie reagiere ich in Situationen? Wie reagiere ich auf Menschen? Zwischen dem, was uns geschieht, und unserer Antwort darauf liegt die Freiheit der Entscheidung. Diese Freiheit wird um so größer, je mehr sie genutzt wird. Das werden auch Sie feststellen, wenn Sie in Ihrem Einflußbereich anfangen, Ihre Reaktionen selbst zu bestimmen. Statt Reiz und Reaktion kurzzuschließen, können Sie sich zunehmend Sicherheit darin erarbeiten, selbstbestimmt und verantwortungsvoll Reaktionen zu wählen. Unabhängig davon, welche Kindheitserfahrungen Sie geprägt haben oder in welchem Umfeld Sie leben, Ihre Freiheit zu wählen ist eine Chance, zu wachsen und ein erfülltes Leben zu führen.

Stellen Sie sich ein Unternehmen vor, in dem jeder Mitarbeiter bewußt nach dem Grundsatz handelt: »Qualität beginnt bei mir. Ich muß Entscheidungen treffen, die auf den richtigen Prinzipien und Werten beruhen.« Pro-aktiven Menschen fällt es leicht, so zu denken und zu handeln, weil sie wissen, daß ihre Werte wichtiger sind als ihre situationsbedingten Emotionen. Dabei akzeptieren sie ihre Gefühle durchaus: »Ich bin frustriert, ich bin wütend, ich ärgere mich. Das will ich weder leugnen noch unterdrücken. Ich weiß aber, was ich dagegen tun kann. Ich alleine bin für mich verantwortlich.«

Auf dem Kontinuum bewegen Sie sich vom Opfer der Umstände zum selbstbestimmten Menschen, der über seine Reaktionen entscheidet.

• Mit *Weg 2 – Schon am Anfang das Ende im Sinn haben* – ist die Gabe der *Vorstellungskraft* und des *Gewissens* verknüpft. Sie sind der Programmierer – also schreiben auch Sie das Programm. Überlegen Sie, wie Sie die Zeit, das Talent und die Werkzeuge einsetzen, mit denen Sie arbeiten müssen: »Im Rahmen meiner Einflußsphäre werde ich selbst entscheiden.«

Am unteren Ende des Kontinuums steht das Gefühl, daß es sowieso keinen Sinn hat, sich überhaupt Ziele zu setzen. Wie sollte auch jemand, der sich als Spielball der Umstände sieht, daran glauben, daß er selbst Veränderungen bewirken kann? Er erhofft sich vom Leben nichts weiter, als es möglichst unbehelligt führen zu können und ab und an ein paar Krumen zu erwischen, die vom Tisch der Glücklicheren fallen.

Am anderen Ende steht die Zuversicht: »Ich habe mir in meiner Vorstellung die Zukunft geschaffen. Ich sehe sie und weiß, wie sie aussehen wird.« Diese Fähigkeit unterscheidet den Menschen vom Tier. Ein Eichhörnchen hortet zwar – seinem Instinkt gehorchend – Nüsse für den Winter, aber es kann sich keine Maschine ausdenken, die diese Aufgabe übernimmt. Ebensowenig kann es sich fragen: »Warum sammle ich eigentlich die Nüsse? Warum suche ich mir nicht jemanden, der das für mich erledigt?« Nur der Mensch ist in der Lage, sich verschiedene Handlungsweisen vorzustellen und sie im Rahmen dessen, was sein Gewissen zuläßt, auszuwählen und in die Realität umzusetzen.

Warum kommt hier das Gewissen ins Spiel? Wenn Sie ein Höchstmaß an Effektivität anstreben, muß Ihr Gewissen der Wächter über alles sein, was Sie sich ausdenken, vornehmen und gestalten. Kreativität ohne Gewissen führt unweigerlich zur Gewissenlosigkeit. Bestenfalls werden dann die kreativen Talente gegen Hohlformen eingetauscht, das heißt: Vorstellungsvermögen und geistige Fähigkeiten dienen dazu, sich materielle Dinge und soziale Belohnungen zu verschaffen. Damit verlieren solche Menschen das Gleichgewicht. Sie reden vielleicht von hehren Grundsätzen, die Wirklichkeit spricht aber eine andere Sprache.

Ich fühle mich bestätigt, wenn ich sehe, daß die meisten Oscar-Gewinner meine Ansicht teilen und Kreativität mit Gewissen paaren. Der Film *Der mit dem Wolf tanzt* enthält eine tief beeindruckende Aussage über die amerikanischen Ureinwohner. Die Akademie weiß, daß die Filmindustrie einen großen Einfluß ausübt, und mit diesem muß auch gesellschaftliche Verantwortung einhergehen.

Vorstellungskraft und Gewissen sind menschliche Eigenschaften, die man kontinuierlich entwickeln sollte. Stellen Sie sich folgende Situation vor: Sie kommen abends nach Hause – oder nach einem freien Tag ins Büro – und treffen ein Chaos an. Niemand hat sich um seine Aufgaben und Pflichten gekümmert, alles ist liegengeblieben. Sie sind müde und entsprechend gereizt.

Stellen Sie sich nun vor, daß Sie auf reife, kluge, selbstbeherrschte Art und Weise reagieren. Beobachten Sie, wie ein solches Verhalten auf andere wirkt. Anstatt sie mit Vorwürfen zu überschütten, legen Sie selbst Hand an und sind dabei freundlich und hilfsbereit. Ihr Verhalten wird einen bleibenden Eindruck hinterlassen – und in anderen Situationen nachgeahmt werden.

Sie haben dabei nur zwei menschliche Gaben eingesetzt: *Vorstellungskraft und Gewissen*. Ihr Erinnerungsvermögen hat keine entscheidende Rolle gespielt, denn wenn Sie frühere Erlebnisse und Erfahrungen zum Maßstab Ihres Handelns gemacht hätten, wären Sie nicht mehr in der Lage gewesen, objektiv zu urteilen, und Sie hätten die Lage nur verschlimmert. Denn das Gedächtnis hat frühere Reaktionen auf gleiche oder ähnliche Reize gespeichert – es bindet Sie an die Vergangenheit. Die Vorstellungskraft hingegen weist in die Zukunft. Um Ihr Potential zu verwirklichen, müssen Sie Ihre Fähigkeiten einsetzen, egal unter welchen Bedingungen.

In seinem Buch *Ein Mensch vor der Frage nach dem Sinn* (1990) beschreibt Viktor Frankl, ein österreichischer Psychiater, der im zweiten Weltkrieg in den Konzentrationslagern der Nationalsozialisten gefangen war, wie er lernte, seine Reaktionen auf die schlimmen Umstände selbst zu bestimmen. Es wurden medizinische Versuche an ihm vorgenommen. Und er entdeckte: »Ich habe die Kraft zu wählen.« Er suchte nach einem Sinn, weil er glaubte, wenn man ein *Warum* habe, dann könne man mit jedem *Was* leben.

Diese Einsicht bestimmte dann seine berufliche Entwicklung. Aufgewachsen mit der Freud'schen Lehre der psychischen Vorbestimmtheit, stellte er nun fest, daß sie eine Lüge war. Er hielt sie nicht für wissenschaftlich, weil sie aus dem Studium von Patienten – Neurotikern und Psychotikern – und nicht aus dem gesunder, kreativer, effektiver Menschen resultierte. Frankl ließ sich weit weniger von seiner Erinnerung als von seiner Vorstellungskraft und seinem Gewissen bestimmen.

Auch Sie können auf dem Kontinuum Fortschritte machen und vom Glauben an die Vergeblichkeit aller Bemühungen hin zu innerer Sicherheit gelangen, indem Sie Gewissen und Vorstellungskraft weiterentwickeln.

• Verknüpft mit dem *Weg 3 – Das Wichtigste zuerst* – ist die Gabe der *Willenskraft*. Am unteren Ende des Kontinuums steht ein ineffektives Leben, in dem man sich treiben läßt, den Weg des geringsten Widerstandes geht und wenig Initiative oder Willen entwickelt. Am oberen Ende dagegen führen die Menschen ein sehr diszipliniertes Leben. Sie konzentrieren sich weitgehend auf die wesentlichen Dinge des Lebens, die nicht notwendigerweise dringend sein müssen. Kurz: Innerhalb ihrer Möglichkeiten handeln sie selbstbestimmt.

Der Weg führt also vom Opfer zum gestaltenden Menschen, von der Resignation zur Hoffnung und von der Ziellosigkeit zur Disziplin – das sind die Wege 1, 2 und 3. Für Weg 1 sind Selbst-Bewußtsein und Selbsterkenntnis notwendig, für Weg 2 Gewissen und Vorstellungskraft und für Weg 3 Willenskraft. Das Kontinuum beginnt beim *Ich kann nicht* und *Ich will nicht* und führt Sie dann weiter, bis Sie sich auf die wesentlichen, aber nicht unbedingt dringenden Angelegenheiten Ihres Lebens konzentrieren und über *Willenskraft* verfügen, um Entscheidungen zu realisieren.

Von den primären zu den sekundären Gaben

Je weiter Sie die primären menschlichen Gaben ausbilden, desto effektiver können Sie die sekundären Gaben nutzen.

• Verknüpft mit *Weg 4 – Gewinn-Gewinn-Denken* – ist die *Mentalität des Teilens*. Warum? Sie schöpfen Ihre Sicherheit aus festen Prinzipien, die bestimmte Sicht- und Handlungsweisen nahelegen. Wenn Ihr Ehepartner einen Fehler macht, machen Sie ihm das nicht zum Vorwurf. Denn Ihre Selbstsicherheit ist nicht davon abhängig, daß Ihr Partner sich Ihren Erwartungen entsprechend verhält. Ebensowenig kritisieren Sie Ihren Sohn, Ihre Freundin oder Ihren Chef, wenn sie etwas falsch machen. Statt dessen fühlen Sie mit ihnen. Dazu sind Sie in der Lage, weil Ihre Sicherheit in Ihnen selbst und nicht in anderen liegt. Sie sind prinzipienorientiert.

Je mehr ein Mensch nach Prinzipien lebt, desto höher ist seine Bereitschaft, Anerkennung und Kraft weiterzugeben. Der Grund dafür liegt darin, daß er davon überzeugt ist, das Leben biete für alle genug. Es stimmt eben nicht, daß der Kuchen irgendwann einmal verteilt ist und einige unweigerlich leer ausgehen. Unendlich viele menschliche Fähigkeiten treten nie ans Tageslicht. Die Mentalität des Teilens ermöglicht es, daß jeder Mensch genug Anerkennung, in welcher Form auch immer, erhält.

Das Kontinuum beginnt bei Neidgefühlen und endet bei der Mentalität des Teilens. Auf den dazwischenliegenden Stationen entwickeln Sie Selbstwertgefühl und eine wohlwollende Einstellung gegenüber anderen.

• Verknüpft mit *Weg 5 – Erst verstehen, dann verstanden werden –* sind die Gaben des *Mutes* und der *Rücksicht*. Warum benötigt man Mut und Rücksicht, um zuerst zu verstehen? Denken Sie an die Probleme, die vor Ihnen liegen. Wahrscheinlich geht Ihnen durch den Kopf: »Du müßtest mich verstehen, aber du tust es nicht. Ich verstehe dich, aber du verstehst mich nicht. Laß mich zuerst reden, und danach bist du an der Reihe.« Ihr Gegenüber erwidert: »Okay, ich versuche zu verstehen.« Während er »zuhört«, ist er jedoch nur damit beschäftigt, seine Erwiderung vorzubereiten. Er gibt vor, ein offenes Ohr für Sie zu haben, und hört aber nur, was er hören will. Wenn Sie Ihre Videofilme vorführen oder von eigenen Erfahrungen zu einem bestimmten Thema berichten, fühlt sich der andere ausgeschlossen, wenn Sie ihm nicht schon vorher vermitteln konnten, daß Sie ihm Verständnis entgegenbringen.

Was aber geschieht, wenn Sie wirklich zuhören? Die gesamte Beziehung verändert sich: »Jemand begann, mir zuzuhören und schien an meinen Lippen zu hängen. Er äußerte weder Zustimmung noch

Ablehnung, sondern hörte einfach nur zu. Ich hatte das Gefühl, als verstünde er, wie ich dachte. Und währenddessen habe ich plötzlich bemerkt, daß ich mir selbst zuhörte. Es war wie eine Offenbarung.«
An der Wurzel fast aller zwischenmenschlicher Probleme liegen Kommunikationsprobleme: Beim Zuhören fehlt es an Einfühlungsvermögen. Man hört nur vor dem Hintergrund der eigenen Biographie zu. Die Fähigkeit, sich einzufühlen, ist bei den meisten Menschen viel zu schwach ausgebildet. Gleichzeitig benötigt man Bestätigung, weil es einem selbst an Mut fehlt. So kommt es zu der folgenden Reaktion: »Was kann ich tun, um mit diesem Menschen klarzukommen? Er hat so ein ausgeprägtes Kontrollbedürfnis. Aber Moment mal, ich bin doch der Manager, und ich bin nicht gekommen, um zuzuhören, sondern um selbst zu reden. Wenn ich Ihre Meinung hören will, dann lasse ich Sie es wissen.« Die Fähigkeit, zuerst zuzuhören, erfordert Selbstbeschränkung, Respekt und Ehrerbietung. Die Fähigkeit, sich so zu verhalten, daß man verstanden wird, erfordert Mut und Rücksicht. Auf dem Kontinuum gehen Sie vom Kampf- und Fluchtverhalten zur reifen, in zwei Richtungen wirkenden Kommunikation, in der Mut und Rücksicht im richtigen Verhältnis zueinander stehen.

• Verknüpft mit *Weg 6 – Synergie erzeugen* – ist die Gabe der *Kreativität*. Wie aber schöpft man etwas Neues? Zunächst einmal können Sie Synergie nicht alleine erzeugen, sondern es sind zwei einander respektierende Menschen dazu nötig. Sie kommunizieren und finden im Laufe der Zeit Lösungsmöglichkeiten, die weit besser sind als die ursprünglichen Vorschläge. Geschäftliche Verhandlungen werden oft hauptsächlich mit dem Ziel geführt, die eigene Position zu behaupten. Deshalb können sie bestenfalls mit einem Kompromiß enden. Wenn Sie jedoch in eine Kommunikation eintreten, deren Ziel eine Synergie ist, dann verliert die eigene Position an Bedeutung. Statt dessen hinterfragen Sie die zugrundeliegenden Bedürfnisse und Interessen und finden Lösungen, um sie zu befriedigen.
Die beiden Harvard-Professoren Roger Fisher und William Ury beschreiben in ihrem Buch *Das Harvard-Konzept* ([11] 1993) einen völlig neuen Ansatz der Verhandlungsführung. Den altbekannten ge-

gensätzlichen Positionen – »Das Fenster soll offen bleiben.«, »Nein, geschlossen.«, »Nein, offen.« – und gelegentlichen Kompromissen (die Hälfte der Zeit halb geöffnet) stellen Sie die Möglichkeit der Synergie gegenüber: »Warum möchten Sie das Fenster geöffnet haben?« »Ich mag die frische Luft.« »Warum möchten Sie es geschlossen haben?« »Weil es zieht.« »Wie können wir frische Luft haben, ohne daß es zieht?« Jetzt könnten zwei kreative Menschen, die sich respektieren und die Bedürfnisse des jeweils anderen verstehen, sagen: »Wir könnten das Fenster im Zimmer nebenan öffen. Wir könnten die Möbel umstellen. Wir könnten nur das Oberfenster öffnen. Wir könnten die Klimaanlage anschalten.« Sie suchen neue Alternativen, weil sie sich nicht damit aufhalten, ihre Positionen zu verteidigen.

So oft es eine Auseinandersetzung gibt, sollte es heißen: »Versuchen wir's mit einer Lösung durch Synergie, die beiden Seiten nützt. Wir wollen einander zuhören. Wie sieht dein Bedürfnis aus?« »Im Moment habe ich Lust auf einen Krimi. Was möchtest du?« Vielleicht gibt es einen Film oder eine andere Beschäftigung, mit der beide Seiten zufrieden sind. Das Nebenprodukt eines solchen Einigungsprozesses ist, daß die Menschen übereinander nachdenken. Wenn sie Teamgeist entwickeln, können sehr starke Bindungen aufgebaut werden, und sie sind bereit, ihre unmittelbaren Wünsche den langfristigen Beziehungen unterzuordnen.

Zu den wichtigsten Geboten in der Familie oder im Berufsleben gehört es, niemals etwas Schlechtes über andere zu sagen. Seien Sie stets loyal gegenüber Abwesenden, wenn Sie wollen, daß die Anwesenden auch Ihnen gegenüber loyal bleiben. Wenn Probleme auftreten, sollten Sie direkt zum Betroffenen gehen, um sie zu lösen. Wenn Sie sich weigern, in Klatsch und Tratsch einzustimmen, wissen die Anwesenden, daß Sie auch über sie nicht herziehen werden, sobald sie den Raum verlassen.

In einer Familie geben Ereignisse wie Tod, Scheidung oder Wiederverheiratung meist Anlaß zu vielerlei Spannungen. Familienmitglieder, die sich gekränkt oder übervorteilt fühlen, lassen dann häufig kein gutes Haar an einem anderen. Denken Sie, wieviel Schmerz vermieden werden könnte, wenn Familien zwei Grundprinzipien beachten würden:

1. Menschen und Beziehungen sind in unserer Familie wichtiger als materielle Dinge (niemand redet am Totenbett über Überstunden, sondern über Beziehungen); und

2. Schwierigkeiten oder Meinungsverschiedenheiten tragen wir direkt mit den Betroffenen aus. Wir sind für unsere Einstellung und Verhaltensweisen verantwortlich, und wir können unsere Reaktionen selbst bestimmen. Mit Mut und Rücksicht werden wir offen miteinander kommunizieren und versuchen, Gewinn-Gewinn-Lösungen zu finden.

Auf dem Kontinuum gehen Sie von einer defensiven Kommunikationsform über Kompromisse hin zu synergetischen und kreativen Alternativen und Veränderungen.

• Verknüpft mit *Weg 7 – Die Säge schärfen* – ist die einzigartige Gabe der *kontinuierlichen Selbsterneuerung*. Wenn Sie sich nicht fortlaufend weiterentwickeln, manövrieren Sie sich in eine Sackgasse. Das Kontinuum reicht von mangelnder Initiative, Stagnation oder gar Chaos bis zur kontinuierlichen Erneuerung.

Ich hoffe nun, daß Sie die sieben Gaben dazu verwenden, sich die Sieben Wege zu erschließen, und damit auch das Leben vieler anderer Menschen zu bereichern.

Kapitel 3
Primäre Größe

Erich Fromm hat beobachtet, daß die Selbstentfremdung eines Menschen um so größer ist, je mehr er sich den Gesetzen des Persönlichkeitsmarktes – Wie gut verkaufe ich mich? – unterwirft.

Er schreibt: »Der moderne Mensch verhält sich wie ein Automat, der sich weder kennt noch versteht. Der einzige Mensch, den er kennt, ist derjenige, der er nach außen hin zu sein scheint, dessen bedeutungsloses Geplapper ein kommunikatives Gespräch, dessen synthetisches Lächeln jedes echte Lachen und dessen dumpfe Verzweiflung echten Schmerz ersetzt hat.«

Positive Persönlichkeitszüge stellen eine sekundäre Größe dar, auch wenn sie oft einen wesentlichen Anteil zum Erfolg beitragen. Die Persönlichkeit vor dem Charakter entwickeln zu wollen, bedeutet, Blätter ohne Wurzeln wachsen zu lassen.

Wenn wir uns auf Persönlichkeitstechniken und kommunikative Fertigkeiten konzentrieren, um soziale Interaktionen zu verbessern, dann kann es sein, daß wir unserem wahren Charakter gar nicht gerecht werden. Ein Baum ohne Wurzeln wirft nun einmal keine Früchte ab. Der private Sieg kommt vor dem öffentlichen Sieg. Selbstbeherrschung und Selbstdisziplin stehen am Anfang jeder guten zwischenmenschlichen Beziehung.

Es mag uns durchaus gelingen, mit Einflußstrategien und Taktiken andere Menschen zu dem zu bewegen, was wir wollen. Langfristig gesehen sät jede manipulative Absicht jedoch nur Mißtrauen. Hinter allem, was wir tun, wird irgendwann nur noch ein eigennütziges Motiv vermutet. Selbst wenn wir die »richtige« Rhetorik, den richtigen Stil und sogar die richtigen Absichten haben, erlangen wir ohne Vertrauen weder primäre Größe noch anhaltenden Erfolg. Wer sich nur auf Techniken konzentriert, ähnelt dem Schüler, der kurz vor der Klassenarbeit anfängt zu pauken. Manchmal kommt er damit durch, vielleicht heimst er sogar gute Noten ein. Aber er wird seine Fächer nie beherrschen. Könnte man auf einem Bauernhof so sporadisch arbeiten – im Frühling nicht säen, den Sommer über faulenzen und dann im Herbst alle Kräfte sammeln, um die Ernte einzubringen? Nein, denn ein Bauernhof ist ein natürliches System. Daran läßt sich nicht rütteln, und wir müssen auch so handeln. Man kann nur ernten, was man auch gesät hat; alles andere führt zum Scheitern.

Das Gesetz der Ernte gilt auch für langfristige zwischenmenschliche Beziehungen. In manchen sozialen Umfeldern kommt man schnell zum Erfolg, indem man die »Spielregeln« lernt. Man hinterläßt etwa durch seinen Charme einen günstigen ersten Eindruck; oder man kommt durch Einschüchterung zum Ziel. Aber sekundäre Persönlichkeitszüge alleine haben in langfristigen Beziehungen keinen dauerhaften Wert. Wenn nicht gleichzeitig eine tiefverwurzelte Integrität und fundamentale Charakterstärke vorhanden sind, treten früher oder später die wahren, eigennützigen Motive ans Tageslicht, und die Beziehungen scheitern.

Vielen Menschen mit sekundärer Größe – also sozialem Status, Ruhm, Reichtum oder Talent – fehlt es an primärer Größe oder Charakterstärke. Dieses Defizit wird gerade in ihren langfristigen Beziehungen deutlich, unabhängig davon, ob es sich um einen Geschäftspartner, Ehepartner, Freund oder ein eigenes Kind handelt. Der Charakter eines Menschen läßt sich nicht lange verbergen, denn er offenbart sich über viele Wege, nicht nur über Worte.

Natürlich können Menschen auch Charakterstärke besitzen, ohne über wichtige Kommunikationsfertigkeiten zu verfügen – auch das berührt die Qualität ihrer Beziehungen. Letzten Endes teilt sich das, was wir sind, jedoch weit deutlicher mit als alles, was wir sagen oder tun.

Wirkliche Selbstachtung erwächst aus Selbstbeherrschung, aus wahrer Unabhängigkeit und Orientierung nach dem Gewinn-Gewinn-Prinzip. Wenn unsere Motive, Worte und Handlungen letztendlich mehr durch Interaktionstechniken (Persönlichkeitsethik) als durch unser wahres Ich (Charakterethik) bestimmt sind, bleibt die zugrundeliegende Unsicherheit nicht unbemerkt. Wir sind nicht fähig, effektive Beziehungen aufzubauen und zu pflegen.

Der Ausgangspunkt für jede Beziehung liegt in uns selbst. Auf dem Weg zur Unabhängigkeit üben wir uns darin, pro-aktiv zu sein, die richtigen Prinzipien zu finden, uns von Werten leiten zu lassen und als integre Menschen das Wesentliche vom Unwesentlichen in unserem Leben zu trennen. Wenn wir diese Stufe erreicht haben, können wir uns dafür entscheiden, interdependent zu werden: Dann sind wir in der Lage, erfüllte, dauerhafte, produktive Beziehungen zu anderen Menschen aufzubauen.

Akuter und chronischer Schmerz

Einerseits bieten zwischenmenschliche Beziehungen enorme Chancen, produktiver zu leben, sich für andere einzusetzen, zu wachsen und zu lernen; andererseits halten sie aber auch Schmerz und Frustration für uns bereit. Störungen in zwischenmenschlichen Beziehungen verursachen akute Schmerzen, denen wir uns nicht entziehen können.

Chronische Schmerzen entstehen, wenn es uns an Vision und Führung mangelt. Sie äußern sich in einem oft jahrelang anhaltenden, vagen Unbehagen. Gelegentlich unternehmen wir etwas gegen diesen Schmerz; weil er aber chronisch ist, gewöhnen wir uns daran und lernen, mit ihm zu leben.

Die akuten Schmerzen, die durch Beziehungsstörungen entstehen, können wir jedoch nicht ignorieren, weil sie zu intensiv sind. In der Regel greifen wir deshalb nach Mitteln, die uns vorgaukeln, unsere Symptome ließen sich im Schnellverfahren kurieren – mit einem Heftpflaster für die Persönlichkeitsethik. Wir begreifen nicht, daß der akute Schmerz einem tieferen, chronischen Problem entspringt. Wenn wir aber nur an den Symptomen herumdoktern, gehen die besten Bemühungen ins Leere. Bestenfalls wird der chronische Schmerz nur noch mehr verdeckt.

Dag Hammerskjöld, der frühere UN-Generalsekretär, veranschaulichte diesen Gedanken einmal in einem sehr wichtigen Satz: »Es ist edler, sich ganz und gar einem anderen Menschen hinzugeben, als unermüdlich an der Rettung der Massen zu arbeiten.« Mit anderen Worten: Jemand kann acht, zehn oder zwölf Stunden am Tag, fünf, sechs oder auch sieben Tage in der Woche für unzählige Menschen und Projekte arbeiten und trotzdem keine tiefe, sinnerfüllte Beziehung zum Ehepartner, heranwachsenden Sohn oder zu einem langjährigen Arbeitskollegen haben. Er würde weit mehr Charakterstärke benötigen – mehr Demut, Mut und Stärke –, um eine einzige dieser Beziehungen neu aufzubauen, als dafür, sich weiterhin für die vielen anderen einzusetzen.

Vor diesem Hintergrund gewinnt die Tatsache eine neue Bedeutung, daß ein Großteil der Probleme in Unternehmen aus den schlechten Beziehungen an ihrer Spitze resultieren – zwischen zwei Partnern, zwischen den Vorstandsmitgliedern oder zwischen dem Geschäftsführer und seinem Stellvertreter.

Drei Charakterzüge

Die folgenden drei Charakterzüge nehmen wesentlichen Einfluß auf die primäre Größe:

• *Integrität.* Ich definiere Integrität als die Wertmaßstäbe, die wir uns setzen. Wenn wir eindeutige Werte vor Augen haben und täglich pro-aktiv danach handeln, entwickeln wir Selbst-Bewußtsein und Selbstwert. Wir sind in der Lage, uns sinnvolle Ziele zu setzen und auf sie hinzuarbeiten. Wenn wir Vorsätze nicht verwirklichen und Verpflichtungen gegenüber anderen nicht einhalten können, nimmt man uns bald nicht mehr ernst, und Mißtrauen breitet sich aus. Das wissen wir selbst ebensogut wie andere.

• *Reife.* Ich definiere Reife als einen Zustand, in dem Mut und Rücksicht in einem ausgewogenen Verhältnis stehen. Ein Mensch, der mutig seine Gefühle und Überzeugungen ausspricht und gleichzeitig Rücksicht auf die Gefühle und Überzeugungen anderer nimmt, hat einen reifen, gefestigten Charakter. Fehlt ihm dagegen die innere Reife, versucht er, seine Stärke aus sozialem Status, Macht oder Reichtum abzuleiten.

Während man mit Mut eher unmittelbare Ergebnisse erzielen kann, hat Rücksicht mehr mit dem langfristigen Wohlergehen von Menschen zu tun, die andere Bedürfnisse haben als wir. Im Grunde heißt die wichtigste Aufgabe in einem von Reife geprägten Management, den Lebensstandard und die Lebensqualität aller am Erfolg des Unternehmens beteiligten Menschen zu erhöhen.

• *Mentalität des Teilens.* Wir sind der festen Überzeugung, daß das Leben allen Menschen genug bietet, um glücklich werden zu können. Eine solche Denkweise entspringt einem tief verwurzelten Selbstwertgefühl und persönlicher Sicherheit. Sie führt dazu, daß wir Anerkennung und Verantwortung ganz selbstverständlich teilen und so Freude und Erfüllung weitergeben. Damit eröffnen sich oft ganz neue Perspektiven und Chancen. Wir handeln aus dem Bewußtsein heraus, daß die Möglichkeiten zur positiven Gestaltung von Beziehungen, ihrem Wachstum und ihrer Entwicklung, unbegrenzt sind.

Die meisten Menschen leben jedoch nach dem Grundsatz, daß die erstrebenswerten Dinge im Leben nur in begrenztem Umfang vorhanden sind. Wenn jemand ein großes Stück vom Kuchen bekommt, muß sich ein anderer wohl oder übel mit einem entsprechend kleineren zufriedengeben. Ich nenne diese Einstellung das Nullsummenparadigma des Lebens. Den Menschen, die in diesen Kategorien denken, fällt es sehr schwer, Anerkennung, Macht oder Gewinne zu teilen. Sie haben auch große Schwierigkeiten, sich über Erfolge anderer aufrichtig zu freuen, selbst wenn es sich um Familienmitglieder oder enge Freunde und Bekannte handelt – oder manchmal gerade deshalb. Unbewußt befürchten sie, das Glück der anderen bedeute eine Einbuße für sie selbst.

Ein Mensch, der diese drei Eigenschaften – Integrität, Reife und die Mentalität des Teilens – verinnerlicht hat, ist so gefestigt, daß seine Charakterentwicklung nicht von den richtigen oder falschen Techniken abhängt. Reifen Menschen wird Vertrauen entgegengebracht. Unreife Menschen, die von einer Krise in die nächste schliddern, die launenhaft und unberechenbar sind, deren Worte nicht mit ihren Taten übereinstimmen, werden feststellen, daß andere Menschen keinen Zugang zu ihnen finden – selbst dann nicht, wenn sie ihre Liebe oder Hilfe suchen. Sie fühlen sich nicht sicher genug, um ihre Meinungen und Gefühle offen auszudrücken.

Von innen nach außen

Dauerhafte Lösungen für Probleme, Glück und Erfolg kommen von innen heraus. Dagegen werden Menschen, die sich nur von äußeren Einflüssen leiten lassen, unglücklich und inaktiv. Sie sehen sich in der Opferrolle und schieben die Verantwortung für ihr Leben anderen Menschen und den widrigen Umständen zu.

Einige nahe Familienangehörige von mir haben in drei Krisenregionen der Welt gelebt: in Südafrika, Israel und Irland. Ich glaube, daß diese Länder mit so vielen Konflikten belastet sind, weil ihr gesellschaftliches Grundmuster von außen nach innen weist.

Was bedeutet es, von innen heraus zu leben? In der Ehe heißt es: Erzeugen Sie positive Energie und gehen Sie negativer Energie aus dem Weg. Im Umgang mit Ihren heranwachsenden Kindern heißt es: Warten Sie nicht auf kooperativeres Verhalten, sondern fangen Sie selbst damit an, indem Sie Verständnisbereitschaft üben. Im Beruf heißt es: Mehr Freiheit setzt verantwortungsbewußteres Handeln und mehr Engagement voraus.

Von innen heraus zu leben bedeutet auch, daß wir Selbstbeherrschung entwickeln und unmittelbare Wünsche höheren Zielen unterordnen. Nur dann können wir das Vertrauen entwickeln, das erforderlich ist, um echte Lösungen zu finden und Synergie zu erzeugen.

Unsere wirklichen, existentiellen Probleme lassen sich nicht auf der Oberflächen-Ebene lösen, auf der sie entstanden sind. Eine neue Denkweise ist nötig – eine Denkweise, die auf den Grundsätzen des effektiven Managements beruht. Was wir brauchen, ist ein prinzipienorientierter, auf Charakterstärke basierender Ansatz, der von innen nach außen weist.

Ich kenne keinen einzigen Fall, in dem dauerhafte Konfliktlösungen, Glück und Erfolg von außen gekommen wären. Es gibt unglückliche Ehen, in denen die Partner einander verändern wollen, sich gegenseitig ihre Schwächen vorwerfen, versuchen, den anderen zu formen. Es gibt Auseinandersetzungen zwischen Arbeitgebern und Beschäftigten, in deren Verlauf die Beteiligten viel Zeit und Energie nur darauf verwenden, die Voraussetzungen zu schaffen, daß irgendwann einmal echtes Vertrauen entsteht.

Die wichtigste Ursache für Dauerkonflikte ist in vielen Unternehmen und Kulturen ein gesellschaftliches Grundmuster, das von außen nach innen weist. Jeder glaubt, für Probleme seien »die anderen« verantwortlich: Wenn sie sich verändern würden, seien alle Konflikte aus der Welt geschafft.

Die Grundsätze der Effektivität sind jedoch in jedem Menschen angelegt. Sie beeinflussen unser Gewissen und unsere Einstellungen. Wer sie erkennt und weiterentwickelt, findet Wege, um an seinen innersten Problemen zu arbeiten. Mit diesem Prozeß geht ein Paradigmawechsel einher, der dazu führt, daß man von innen heraus handelt, statt sich von außen leiten zu lassen.

Das Gewissen ausbilden

Der Schlüssel für eine solche Veränderung ist das Gewissen. Ein Gewissen zu haben, bedeutet, unterscheiden zu können, was den Prinzipien entspricht und was ihnen zuwiderläuft.

So wichtig wie körperliches Training für einen Sportler und geistige Arbeit für einen Wissenschaftler, so entscheidend ist das Gewissen für die primäre Größe des Menschen; mit dem Unterschied, daß es weit mehr Disziplin erfordert, das Gewissen zu trainieren als die Körperkraft. Ehrlichkeit und anregende geistige Betätigung sind notwendige Voraussetzungen dafür. Schlechte Ernährung und zu wenig Training ruinieren die Kondition jedes Sportlers. Ebenso kann die Beschäftigung mit Pornographie oder ähnlichem eine innere Betäubung erzeugen, die unser Gefühl für höhere Werte schädigt. An die Stelle des natürlichen Gewissens, das erforscht: »Was ist richtig, und was ist falsch?«, tritt als einziger Vorbehalt die Frage: »Werde ich erwischt?«

Die Entwicklung des Gewissens beginnt in den ersten Lebensmonaten und setzt sich unter dem Einfluß des elterlichen Vorbilds kontinuierlich fort. Wenn ein Mensch erkennt, daß ihm die Ausbildung des Gewissens ein wichtiges Bedürfnis ist, wird er sich auch aktiv darum bemühen. Er erkennt, daß er wie in einer Spirale immer weiter nach oben steigt, indem er unaufhörlich lernt, sich für die richtigen Dinge zu engagieren und angemessen zu handeln.

Menschen mit primärer Größe leben nach dem Grundsatz, daß ihnen alles im Leben nur zur bestmöglichen verantwortlichen Verwendung anvertraut wurde – Zeit und Talente ebenso wie Geld und Besitz, Beziehungen, Familie und sogar ihr Körper. Sie wissen, daß sie mit all ihren Gaben pfleglich umgehen müssen und die Pflicht haben, sie sinnvoll zu nutzen. So sind sie auch jederzeit in der Lage, Rechenschaft über deren Verwendung abzulegen.

Menschen mit primärer Größe reagieren auf eine Kränkung trotzdem mit Freundlichkeit, auf Ungeduld mit Geduld. Auf diese Weise gelingt es ihnen immer wieder, die besten Seiten ihrer Mitmenschen zum Vorschein zu bringen. Sie können vergeben und vergessen, und sie bewahren sich ihre Fröhlichkeit, weil sie an das Gute im Menschen und den letztendlichen Sieg der Wahrheit glauben.

Sobald ein Mensch jedoch versucht, sich nach Gutdünken eigene Maßstäbe zu schaffen, sobald er darauf beharrt, sich immer reinzuwaschen, sobald er, wenn er angegriffen wird, mit gleicher Waffe zurückschlägt, gerät er in den Sog negativer Energie. Er läßt sich auf die Stufe seines Gegners ein und versucht durch Manipulation, Gewalt, Rückzug, Gleichgültigkeit oder Streit einen Sieg davonzutragen, der wiederum sein Verhalten rechtfertigen soll.

Wer Gutes tut, wird noch mehr Gutes ernten. Nach diesem Grundsatz müssen wir andere annehmen, sie bestätigen und an sie glauben, selbst wenn sie von uns nichts wissen wollen. Nur so entwickeln wir einen von primärer Größe geprägten Charakter.

Das Fundament des Vertrauens

Führungsstärke kann nur auf einem Fundament des Vertrauens wachsen. Wenn Sie Ihren Mitarbeitern nicht trauen, dann bleibt Ihnen nichts anderes übrig, als sie zu kontrollieren. Gelingt es Ihnen jedoch, eine Vertrauensbasis zu schaffen und darauf aufbauend Leistungsvereinbarungen zu treffen, werden ungeahnte Energien frei. Diese können eingesetzt werden, um Führungsstärke zu entwickeln und die Strukturen an die richtigen Prinzipien anzupassen. Der einzelne Mitarbeiter soll darin unterstützt werden, produktiv und effektiv zu handeln, während er die auf dem Gewinn-Gewinn-Prinzip beruhenden Leistungsvereinbarungen erfüllt. Wo sich die Unternehmenskultur in einem Vakuum herausbilden soll – also ohne den festen Boden der Prinzipien –, können Sie weder Führungsstärke entwickeln noch Vertrauen aufbauen.

In meinen Seminaren frage ich häufig: »Wie viele von Ihnen haben an Trainings teilgenommen, in denen es um die Entwicklung von Führungsstärke oder um partizipatives Management ging?« Die meisten heben die Hand. Dann frage ich: »Und was geschieht, wenn Sie versuchen, Menschen zu führen, ohne eine Grundlage des Vertrauens geschaffen zu haben?« Die Antwort heißt: »Es funktioniert nicht. Man muß zurück zum harten Management by Objectives oder einer anderen Kontrollmethode, um wenigstens einen Anschein von Ordnung aufrechtzuerhalten.«

Dann frage ich weiter: »Warum soll man dann überhaupt noch Management-Seminare besuchen? Nähren sie nicht die Illusion, daß Probleme lösbar seinen, während im Grunde nur Symptome kuriert werden? Vielleicht wird ein akuter Konflikt vorübergehend entschärft, aber das chronische Problem bleibt unberührt.«

Und dann frage ich nach der organisatorischen Ebene: »Wie viele von Ihnen sehen ihr Heil in einer Umstrukturierung, um Anspruch und Wirklichkeit endlich deckungsgleich zu machen?« Die Hälfte der Manager hebt die Hand. »Wie viele von Ihnen sehen die Lösung darin, neue Systeme zu schaffen?« Ein Drittel hebt die Hand. Nun frage ich: »Was geschieht, wenn man sich auf diese Ebenen konzentriert, die persönliche und zwischenmenschliche Ebene jedoch überspringt?« Die Antwort:»Chaos bricht aus.«

Es herrscht also Übereinstimmung darüber, daß wir alle in einer Art Ökosystem arbeiten. Wenn wir uns diesem System anders als prinzipienorientiert nähern, wird jede Bemühung, und sei sie noch so richtig, unzulänglich bleiben.

In diesem Sinn sind Führungskräfte dann inkompetent, wenn es ihnen nicht gelingt, Macht, Gewinn oder Anerkennung an ihre Mitarbeiter weiterzugeben, aus Furcht, dabei etwas einzubüßen. Die einzige Lösung besteht darin, von innen heraus zu leben, also zuerst am Charakter zu arbeiten, um Vertrauen aufzubauen, damit daraus wiederum Führungsstärke erwächst. Dann erst können Struktur- und Organisationsprobleme gelöst werden.

Jeder Manager muß sich dieser Aufgabe stellen. Wer sie nicht annimmt, wird nie wirkliche Führungsstärke besitzen, selbst wenn er versucht, sie nach außen hin vorzutäuschen. Seinen wahren Charakter kann er letztendlich nicht verbergen.

Wir müssen also an Charakter und Kompetenz arbeiten, um Struktur- und Systemprobleme zu lösen. Denken Sie daran: Sprechen Sie zuerst mit dem Programmierer, wenn Sie ein Programm verbessern wollen. Strategie, Struktur, System und Kultur eines Unternehmens sind schließlich das Produkt der Menschen, die darin arbeiten.

Kapitel 4

Der Bruch
mit der Vergangenheit

»Wer Menschen führt, sollte sie die richtigen Prinzipien lehren, ihre Anwendung aber dem einzelnen überlassen« – dies scheint mir ein sinnvoller Ansatz im Management und in der Menschenführung zu sein. Mitarbeiter ebenso wie Unternehmen als Ganze sollten sich von Prinzipien leiten lassen, deren Gültigkeit erwiesen ist. Ich meine damit Naturgesetze und Werte im zwischenmenschlichen Umgang, die sich im Lauf der Jahrhunderte in jeder entwickelten Gesellschaft durchgesetzt haben. Sie treten in Form von Einstellungen, Normen und Lehren in Erscheinung, die das menschliche Streben nach einem erfüllteren Leben unterstützen.

So wie der Paradigmenwechsel in der Wissenschaft zum Bruch mit der Vergangenheit geführt hat, kann auch eine neue Sichtweise der Führungsaufgaben ein Unternehmen völlig verändern. Manager konzentrieren sich auf die Geschäftsergebnisse – Führungspersönlichkeiten dagegen sind bestrebt, eine klare Vision zu finden und eine einmal für richtig befundene Richtung auch in der Hektik des Tagesgeschäfts beizubehalten.

Wenn Menschen keine Vision haben, lautet ein Sprichwort, gehen sie unter. Der Grund liegt auf der Hand: Sie setzen sich Ziele und steigen die sprichwörtliche Erfolgsleiter hoch, ohne vorher eine Mission definiert oder Werte geklärt zu haben. Wenn sie alle Sprossen erklommen haben, stellen sie entsetzt fest, daß die Leiter an der falschen Wand lehnt.

Potentiale freisetzen

In der prinzipienorientierten Führung gilt als höchster Grad menschlicher Motivation der Beitrag zum Allgemeinwohl. Menschen sind die wertvollsten Aktivposten im Unternehmen. In diesem Prinzip der Verantwortlichkeit liegt der Schlüssel für die Entdeckung, Entwicklung und Nutzung aller anderen Aktivposten. Jeder Mensch hat die Chance, sein Potential auszuschöpfen – er ist nicht zwangsläufig das Opfer unglücklicher Umstände oder seiner schlechten Erfahrungen.

Auf den Bereich der Weiterbildung angewandt bedeutet dieses Paradigma, daß eine prozeßorientierte Konzeption einem produktorientierten Ansatz vorzuziehen ist. Methodisch heißt das für ein Unternehmen, daß in einem ersten Schritt Daten und Informationen gesammelt werden. Im zweiten Schritt werden Prioriäten, Werte und Ziele bestimmt, im dritten gilt es, Alternativen zu finden und zu bewerten, im vierten folgt die Planung und Anwendung der Maßnahmen; und im fünften Schritt schließlich wird eine Erfolgskontrolle vorgenommen.

Folgender Entwicklungsprozeß sollte in jedes Trainingsprogramm integriert werden: Der wesentliche Inhalt des dargebotenen Materials wird erfaßt – Sie versuchen also zuerst, die Grundprinzipien zu verstehen. Nun greifen Sie auf schon Gelerntes zurück – Sie entwickeln eigene Ideen und Gedanken dazu. Sie vermitteln den Lehrstoff – Sie geben weiter, was Sie gelernt haben, um eine gemeinsame Grundlage für den Wandel im Unternehmen zu schaffen und um das Bild, das man von Ihnen hat, gegebenenfalls zurechtzurükken. Sie wenden die Prinzipien an – Sie testen sie in der unmittelbaren Umgebung. Schließlich führen Sie eine Erfolgskontrolle durch.

Jedem echten Wachstum liegt ein solcher stufenweiser Entwicklungsprozeß zugrunde. Im Führungstraining ermöglicht er es, daß Manager über bisherige Grenzen hinausgehen und feststellen, daß sie immer mehr aus sich selbst heraus motiviert und geleitet werden. Sie finden immer bessere Wege, um ihre Umgebung – Strukturen und Systeme – mit ihrem Inneren – Werte, Rollen und Ziele – in Einklang zu bringen.

Kapitel 5

Prinzipienorientierte Führungsstärke

Wirkliche Führungsstärke setzt einen reifen Charakter und die Anwendung bestimmter Instrumente und Prinzipien voraus. Nichtsdestoweniger kommen die meisten Diskussionen über dieses Thema zu dem Ergebnis, daß wahre Führungsgröße entweder auf Vererbung oder dem Vorhandensein bestimmter Persönlichkeitszüge oder der Anwendung bestimmter Verhaltensweisen beruht. Es liegt auf der Hand, daß sich aus diesen Faktoren vielleicht nachträglich Deutungen, aber keinesfalls Prognosen ableiten lassen. Sie erklären, warum sich eine Führungspersönlichkeit entfalten und behaupten konnte, aber sie tragen wenig dazu bei, eine solche Entwicklung vorherzusagen, und noch weniger sagen sie etwas über die Führungseigenschaften an sich aus.

Deshalb ist es vielversprechender, sich einmal mit den Geführten statt mit den Führenden zu beschäftigen und sie die Leistung ihrer Vorgesetzten beurteilen zu lassen.

Drei Arten von Stärke

Die Gründe dafür, warum Mitarbeiter einen Vorgesetzten in seiner Funktion anerkennen, sind vielfältig und komplex. Im großen und ganzen können sie in drei Kategorien eingeteilt werden, denen unterschiedliche Annahmen in bezug auf Motivation und Psychologie zugrundeliegen.

Mitarbeiter können sich aus Angst führen lassen – sie rechnen mit schlimmen Folgen, wenn sie Anweisungen in Frage stellen oder mißachten. Dies nenne ich *Stärke durch Zwang.* Der Führende hat bei seinen Mitarbeitern die Angst erzeugt, daß sie mit negativen Konsequenzen rechnen oder etwas aufgeben müssen, wenn sie sich nicht fügen. Also arrangieren sie sich oder geben sich zumindest den Anschein von Loyalität, vor allem am Anfang ihrer Firmenzugehörigkeit. Ihr Engagement ist aber oberflächlich, und ihre Energien können schnell in destruktive Kanäle fließen, sobald ihnen niemand mehr über die Schulter blickt oder die befürchtete Sanktion entfällt. So machte der Angestellte einer Fluggesellschaft Schlagzeilen: Am Vorabend seines Abschieds löschte er sämtliche computergespeicherten Flugpläne, weil er sich ungerecht behandelt und manipuliert gefühlt hatte. Das Ergebnis waren Kosten in Höhe von einer Million Dollar, Tausende von umsonst geleisteten Arbeitsstunden und empfindliche Einbußen durch unzufriedene Passagiere.

Mitarbeiter lassen sich auch deshalb führen, weil es ihnen Vorteile einbringt. Dies nenne ich die *Stärke durch Nutzen,* weil die Beziehung auf dem für beide Seiten vorteilhaften Austausch von Gütern und Leistungen beruht. Die Geführten haben etwas anzubieten, was der Führende benötigt – Zeit, Energie, Fähigkeiten, Interesse, Talent, Unterstützung und so weiter. Umgekehrt verhält es sich ebenso: Der Vorgesetzte bietet Wissen, Geld, Aufstiegschancen, ein gutes Betriebsklima, interessante Aufgaben, Sicherheit. In diesem Fall handeln die Mitarbeiter aus dem Glauben heraus, daß ihr Chef ihnen bestimmte Vorteile verschafft, vorausgesetzt, sie halten sich an die Spielregeln und tun auch etwas für ihn. Vieles von dem, was im menschlichen Zusammenleben geschieht – vom Vertragsabschluß in Millionenhöhe im Unternehmen bis hin zum Alltag in der Familie – beruht letztendlich auf einer Art von Einflußnahme, die beiden Seiten Nutzen verspricht.

Die dritte Möglichkeit der Einflußnahme schließlich unterscheidet sich in ihrer Art und Tragweite von den anderen beiden. Sie beruht auf dem Umstand, daß die Führenden mit dem, was sie tun, in höchstem Maß integer wirken. Deshalb bringt man ihnen Vertrauen entgegen, und sie genießen Respekt. Ihre Führungsstärke wird unbestritten und freiwillig anerkannt, ohne Wenn und Aber. Das ist keinesfalls mit Naivität, blindem Gehorsam oder roboterhafter Dienstbarkeit gleichzusetzen. Vielmehr handelt es sich hier um kluges, aufrichtiges, bedingungsloses Engagement. Dies nenne ich die *legitime Stärke.*

Fast jeder hat im Laufe seines Lebens einmal erfahren, was es heißt, sich der Führung eines Lehrers oder eines Vorgesetzten, eines Familienmitglieds oder eines Freundes anzuvertrauen. Solche Erfahrungen hinterlassen wichtige Spuren. Vielleicht haben Sie einmal eine Chance erhalten, Ihr Können unter Beweis zu stellen, oder jemand hat Sie wieder aufgerichtet, als Sie den Glauben an sich schon verlieren wollten, oder es war einfach ein Gesprächspartner da, der zuhören konnte. Menschen, die uns so führen, glauben an uns – mit dem Ergebnis, daß wir wiederum mit Respekt, Loyalität, Engagement und einer fast bedingungslosen Bereitschaft, ihre Autorität anzuerkennen, reagieren.

Die beschriebenen drei Arten der Stärke und Einflußnahme haben unterschiedliche Grundlagen und führen zu unterschiedlichen Ergebnissen.

Was bewirkt die Stärke?

Grundlage der Einflußnahme durch Zwang ist auf beiden Seiten die Angst. Meist nehmen Führende zu dieser Art der Machtausübung dann Zuflucht, wenn sie befürchten, daß ihre Mitarbeiter ihre Autorität nicht anerkennen. Eigentlich handelt es sich um eine mit der Prügelstrafe vergleichbare Methode. Nur wenige sprechen sich offen für sie aus, viele wenden sie aber trotzdem an. Entweder erscheint sie den Führenden angesichts noch größerer Gefahren gerechtfertigt, oder sie erscheint ihnen einfach zweckmäßig, und außerdem funktioniert sie doch so gut. Aber es ist eine Illusion zu glauben, daß sie wirklich dauerhaft effektiv ist.

Vorgesetzte, die ihre Mitarbeiter durch Angst unter Kontrolle halten, stellen früher oder später fest, daß ihre vermeintliche Autorität keinen Bestand hat. Sobald sie abwesend sind oder das Kontrollsystem nicht mehr greift, ist auch ihr Einfluß dahin. Oft führt übermäßige Kontrolle auch zur Bündelung vieler Kräfte und Energien der Mitarbeiter, die damit neue, möglichst nicht kontrollierbare Widerstandsformen suchen. Macht durch Zwang erlegt beiden Seiten eine psychologische und emotionale Bürde auf. Sie begünstigt Mißtrauen, Täuschung, Verlogenheit und führt, auf lange Sicht gesehen, zu Auflösungserscheinungen.

Die meisten Unternehmen wenden jedoch das Prinzip des beiderseitigen Nutzens an. Diese Art der Einflußnahme setzt ein gewisses Gerechtigkeitsdenken voraus. Solange die Geführten das Gefühl haben, daß Geben und Nehmen sich die Waage halten, sind sie mit der Beziehung zu ihrem Vorgesetzten zufrieden – und umgekehrt. Ihre Beziehung ist eher das Ergebnis einer gelungenen Einflußnahme denn starrer Kontrolle. Die Geführten werden ausschließlich ihrer beruflichen Leistungen wegen respektiert. Sie lassen sich führen, weil es ihnen nützt. Sie können ein klein wenig teilhaben an dem, was die Macht des Führenden ausmacht: Position, Fachwissen oder Charisma. So basieren Führungsleistungen nach dem Prinzip des beiderseitigen Nutzens zwar immer noch auf reaktiven Verhaltensweisen, aber zumindest handelt es sich um eher positive Reaktionen.

Immer mehr setzt sich jedoch auch die Meinung durch, daß Beziehungen, die auf Einflußnahme durch beiderseitigen Nutzen beruhen, eher zu Individualisierung statt zu effektiver Teamarbeit führen. Denn schließlich wird der einzelne ausgerechnet dafür belohnt, daß er sich auf die eigene Perspektive und die eigenen Interessen konzentriert. Wechselnde Wünsche und Bedürfnisse wirken sich direkt auf das Verhalten des Mitarbeiters aus. Statistiken deuten darauf hin, daß langfristige Loyalität, ob von Führenden oder Geführten, die Ausnahme ist.

Darüber hinaus wird eine Situationsethik gefördert, in der ständig wichtige Entscheidungen fallen, ohne daß jemals ein Konsens darüber herbeigeführt wurde, was im Unternehmen überhaupt als richtig, gerecht und wünschenswert gilt. Im schlimmsten Fall reflektiert die Einflußnahme durch beiderseitigen Nutzen die Werte einer geradezu gerichtsprozeßsüchtigen Gesellschaft, in der Gerechtigkeit bei Firmenübernahmen, Ehescheidungen und Konkursverfahren durch Richter erzwungen wird. Im besten Fall spiegelt sie die Bereitschaft, eine Beziehung – ob eine geschäftliche oder eine private – so lange aufrechtzuerhalten, wie sie sich für beide Seiten auszahlt.

Die legitime Einflußnahme kommt selten vor. Sie ist jedoch der Maßstab für die Qualität aller Beziehungen. Ihre Grundlage ist gegenseitiger Respekt. Dieser Respekt, und nichts anderes, veranlaßt den Geführten dazu, einen Beitrag zum Wohl des Unternehmens oder der Allgemeinheit zu leisten. Jede legitime Einflußnahme ist daher eng mit einer pro-aktiven Haltung verknüpft, die aber nichts damit zu tun hat, ob dem Geführten, wenn er sich führen läßt, ein unmittelbarer Vorteil entsteht. Vielmehr bedeutet Pro-Aktivität, daß Entscheidungen ausschließlich auf der Grundlage anerkannter Werte getroffen werden. Legitime Einflußnahme entsteht dort, wo die Vorstellungen von Geführten und Führenden zusammenkommen. Sie läßt sich nicht erzwingen. Vielmehr entsteht sie am ehesten dann, wenn beide Seiten ihre jeweiligen Interessen einem höheren Ziel unterordnen. Legitime Einflußnahme setzt also ein gemeinsames Ideal voraus.

Auch bei der legitimen Einflußnahme wird Kontrolle ausgeübt, aber nicht von außen, sondern von innen: Es handelt sich um eine Selbst-Kontrolle. Der Führende kann erst Einfluß nehmen, wenn die Geführten innerlich überzeugt sind, daß er vertrauenswürdig ist. Dann schenken sie ihm Glauben und lassen sich führen. Es ist also von grundsätzlicher Bedeutung, daß die Führenden feste Ziele und eine Vision vor Augen haben, daß ihr Charakter, ihr Wesen und alles, wofür sie eintreten, glaubhaft wirken. Legitime Einflußnahme begünstigt ein auf ethischen Grundsätzen beruhendes Verhalten, weil Loyalität sich immer nur im Menschen selbst manifestiert. Ethik bedeutet letztendlich nichts anderes, als sich den richtigen Dingen zu verschreiben. In einer von legitimer Einflußnahme geprägten Beziehung ist man auch einmal bereit, einen Mißerfolg zu riskieren. Das Vorbild und die Vision des Führenden weisen auch in schweren Zeiten immer den richtigen Weg.

Führungsentscheidungen

Jede Führungskraft muß in ihrer täglichen Arbeit die Weichen für Entscheidungen stellen. Eine besonders große Bedeutung hat diese Weichenstellung, wenn es darum geht, sich für die Art der Einflußnahme zu entscheiden – durch Zwang, gegenseitigen Nutzen oder Legitimität. Wofür sich eine Führungskraft entscheidet, hängt von ihrem Charakter – Was für ein Mensch ist sie? Wie wurde sie durch bisherige Entscheidungen geprägt? –, von sozialen Fähigkeiten und Erfahrungen ab. Es ist relativ einfach, sich unter dem Druck äußerer Umstände auf seine Position zu berufen oder Beziehungen spielen zu lassen, um andere auf die eigene Linie zu bringen. Wenn die interaktiven Fähigkeiten eines Vorgesetzten zu wünschen übrig lassen, oder wenn er nicht in der Lage ist, seinen einmal für richtig erkannten Werten treu zu bleiben oder Vertrauen dauerhaft zu festigen, dann wird er in Krisenzeiten fast unweigerlich mit Zwang führen.

Es gibt aber noch weitere Entscheidungsmöglichkeiten. Ein Manager kann beispielsweise Sachwissen entwickeln. Er kann neue Status- und Machtpositionen anstreben. Er kann Informationen sammeln und Ressourcen sichern. Die Einflußnahme durch beiderseitigen Nutzen kann noch effizienter gestaltet werden, indem eine größtmögliche Nähe zu den Geführten angestrebt wird, indem Schwellenängste abgebaut werden, indem formale Verfahren vereinfacht werden, um funktionale Beziehungen zu ermöglichen, und indem den Geführten einfachere Weg eröffnet werden, um solche funktionalen Beziehungen selbst aufzubauen. All dies sind taktische Mittel, mit denen man den beiderseitigen Nutzen erhöhen kann.

Eine Führungskraft, die eine legitime Einflußnahme anstrebt, muß sich dagegen langfristig engagieren. Vertrauen kann in zwischenmenschlichen Beziehungen – der Grundlage legitimer Einflußnahme – nicht ad hoc hergestellt werden. Ehrlichkeit läßt sich nicht vortäuschen. Früher oder später entlarven sich die Führenden selbst. Letztendlich ist »nur« ihre Persönlichkeit ausschlaggebend dafür, wie legitim ihre Macht wirklich ist, unabhängig davon, welcher Nutzen den Geführten daraus erwächst.

Der Prozeß der Einflußnahme

```
                    ┌─────────────────┐
                    │   Sie selbst    │
                    └────────┬────────┘
                             ▼
                    ┌─────────────────┐
          ┌─────────┤    Führungs-    ├─────────┐
          │         │  Entscheidung   │         │
          │         └────────┬────────┘         │
          ▼                  ▼                  ▼
┌─────────────────┐ ┌─────────────────┐ ┌─────────────────┐
│   Prinzipien-   │ │  beiderseitiger │ │   Stärke durch  │
│ orientierte Stärke│ │     Nutzen     │ │      Zwang      │
└────────┬────────┘ └────────┬────────┘ └────────┬────────┘
         ▼                   ▼                   ▼
┌─────────────────┐ ┌─────────────────┐ ┌─────────────────┐
│     Respekt     │ │  Gerechtigkeit  │ │      Angst      │
└────────┬────────┘ └────────┬────────┘ └────────┬────────┘
         ▼                   ▼                   ▼
┌─────────────────┐ ┌─────────────────┐ ┌─────────────────┐
│   Anhaltender   │ │   funktional-   │ │    zeitweilige  │
│   pro-aktiver   │ │    reaktiver    │ │     reaktive    │
│     Einfluß     │ │     Einfluß     │ │     Kontrolle   │
└─────────────────┘ └─────────────────┘ └─────────────────┘
```

Zehn Instrumente der Einflußnahme

Je mehr Respekt ein Führender genießt, desto größer sind seine legitimen Einflußmöglichkeiten. In dem Maß, wie er es versteht, mit anderen Menschen umzugehen – dazu gehören seine Wirkung auf andere, seine interaktiven Fähigkeiten und bisherigen Erfahrungen –, wächst oder schwindet der Respekt, der ihm entgegengebracht wird. Respektiert zu werden, bedeutet also Macht zu haben.

Die folgenden zehn Punkte sollen illustrieren, was eine Führungskraft tun kann, um mehr Respekt und Einfluß zu gewinnen.

- *Überzeugungskraft.* Begründen Sie Ihre Positionen und stellen Sie Pläne und Wünsche überzeugend dar, während Sie gleichzeitig die Ideen und die Perspektive Ihrer Mitarbeiter aufrichtig respektieren; gehen Sie auf das Was, Wie und Warum ein; halten Sie den

Kommunikationsprozeß so lange in Gang, bis die Ergebnisse beide Seiten wirklich zufriedenstellen.

- *Geduld* mit dem Prozeß und den Menschen. Ob es sich um Fehler und Mißerfolge handelt, die von den Mitarbeitern verursacht werden, oder um Ihre eigene Ungeduld, bevor Sie ein Ziel erreichen: Solche kurzfristigen Widerstände dürfen Ihren Blick auf die langfristig angestrebten Ergebnisse nicht trüben.

- *Sanftheit.* Seien Sie nicht hart oder taktlos, wenn der andere sich öffnet und dadurch verletzbar wird.

- *Lernbereitschaft.* Akzeptieren Sie, daß auch Sie nicht auf alles eine Antwort bieten können; versuchen Sie, von den Standpunkten, Urteilen und Erfahrungen der Geführten zu lernen.

- *Toleranz.* Gehen Sie sparsam mit negativen Werturteilen um, halten Sie sich im Zweifel an das Unschuldsprinzip, und fördern Sie das Selbstwertgefühl Ihrer Mitarbeiter auch dann, wenn sie gerade nicht in Bestform sind.

- *Freundlichkeit.* Seien Sie einfühlsam, rücksichtsvoll und denken Sie an die kleinen Dinge (die eigentlich die großen Dinge sind), mit denen Beziehungen am Leben erhalten werden.

- *Offenheit.* Informieren Sie sich so genau und umfassend wie möglich über Zukunftschancen und Perspektiven der Geführten, und respektieren Sie zugleich ihre gegenwärtige Situation. Berücksichtigen Sie auch Absichten, Wünsche, Werte und Ziele der Geführten, um zu vermeiden, daß Sie sich ausschließlich auf ihr Verhalten konzentrieren.

- *Mitfühlende Konfrontation.* Akzeptieren Sie Fehler und Irrtümer, und haben Sie Verständnis für »Kurskorrekturen«; in einem Klima echter Wärme wissen die Geführten, daß sie auch einmal etwas wagen können.

- *Innere Beständigkeit.* Ihr Führungsstil beschränkt sich nicht nur auf Techniken, die Sie nur dann ins Spiel bringen, wenn Sie etwas nicht durchsetzen können, vor einer Krise stehen oder in eine Sackgasse geraten sind. Statt dessen leben Sie kontinuierlich Ihre Werte vor und verzichten darauf, ein Bild von sich zu vermitteln, kurz: Ihr Führungsstil reflektiert, wer Sie sind und wer Sie einmal sein werden.

- *Integrität.* Worte und Gefühle stimmen mit Gedanken und Handlungen überein. Ohne schlechte Absichten, ohne Vorteilsdenken und ohne Kontrollbedürfnis haben Sie das Wohl Ihrer Mitarbeiter im Sinn. Sie streben nach Kongruenz und überprüfen regelmäßig Ihre Ziele.

Es fällt uns leicht, diese Prinzipien und Ideale berühmten Führungspersönlichkeiten zuzuordnen, wie etwa Mahatma Gandhi. Im Alltagsleben sind sie schon schwerer aufzuspüren. Gandhi antwortete auf diesen Einwand: »Ich behaupte, daß ich nicht mehr und nicht weniger als ein durchschnittlicher Mensch mit unterdurchschnittlichen Fähigkeiten bin. Ich bin kein Visionär. Ich bin ein praktischer Idealist. Mir kommt auch kein besonderer Verdienst für meine Mühen zu. Ich habe nicht den leisesten Zweifel, daß jeder Mann oder jede Frau das erreichen kann, was ich erreicht habe, wenn sie die gleichen Anstrengungen unternehmen und von der gleichen Hoffnung und vom gleichen Glauben beseelt sind.«

Führungskräfte, die das Prinzip der legitimen Einflußnahme bewußt für sich annehmen und verwirklichen wollen, stellen fest, daß sie in ihren Ansprüchen an die Mitarbeiter vorsichtiger werden, aber gleichzeitig auch mehr Zuversicht entwickeln. Je besser sie das Verhältnis zwischen Einflußnahme und Führung verstehen, desto mehr bildet sich ihre Fähigkeit aus, Menschen ohne Zwang zu führen. Sie erlangen einen ungeahnten inneren Frieden, weil sie klüger und effektiver führen.

Kapitel 6

Freie Bahn der Kommunikation

An der Wurzel der meisten Kommunikationsprobleme liegen eigentlich Wahrnehmungsprobleme. Wir sehen die Welt nicht so, wie sie wirklich ist, sondern so, wie wir sie entsprechend unserem Bezugsrahmen oder unseren »Landkarten« definieren. Erfahrungen bestimmen die Wahrnehmung, und diese wiederum beeinflußt unsere Gefühle, Einstellungen und Verhaltensweisen in hohem Maß.

Wahrnehmung und Glaubhaftigkeit

Schwierigkeiten in den Bereichen Wahrnehmung und Glaubhaftigkeit können äußerst komplizierte Situationen schaffen, ob wir sie nun »Persönlichkeitskonflikte« oder »Kommunikationsstörungen« nennen. Wer von uns ist nicht überzeugt davon, er sehe die Welt genau so wie sie ist, und nicht etwa so, wie sein persönliches Weltbild es ihn glauben machen will? Weil wir uns dieses Irrtums nicht bewußt sind, stellen wir uns allzu häufig auf den Standpunkt: »Wenn du mir nicht zustimmst, hast du automatisch unrecht, einfach weil ich sicher bin, selbst im Recht zu sein.«

Was geschieht nun, wenn wir Menschen mit anderen Meinungen nicht respektieren, sondern einfach ins Unrecht setzen? Sie versuchen, sich zu schützen, und die beste Abwehr gegen weitere Verletzungen liegt darin, uns ein Etikett zu verpassen, uns so lange hinter geistige und emotionale Gitter zu verbannen, bis wir unsere Schuld bis auf den »letzten Heller« abbezahlt haben. Die meisten derartigen

Probleme mit der Glaubhaftigkeit von Standpunkten können gelöst werden, sobald zumindest einer der Beteiligten erkennt, daß es sich im Grunde um ein Wahrnehmungsproblem handelt.

Einstellungen und Verhaltensweisen

Es gibt bestimmte Einstellungen und Verhaltensweisen, die wesentlich zu einer gelungenen Kommunikation beitragen.

Einstellungen

- Ich unterstelle dir keine schlechte Absicht und zweifle weder an deiner Aufrichtigkeit noch an deiner Vernunft.
- Unsere Beziehung ist mir wichtig, und ich möchte unsere unterschiedlichen Auffassungen klären. Hilf mir, die Angelegenheit aus deiner Perspektive zu sehen.
- Ich bin offen für andere Sichtweisen und bereit, mich zu ändern.

Verhaltensweisen

- Höre zu, um zu verstehen.
- Rede, um verstanden zu werden.
- Beginne einen Dialog entweder mit einem gemeinsamen Bezugspunkt oder mit einem Punkt, an dem Übereinstimmung herrscht, und taste dich dann langsam in die Bereiche vor, in denen die Meinungen auseinandergehen.

Diese drei Einstellungen und Verhaltensweisen ermöglichen es, für beinahe jedes Problem der Wahrnehmung in der Kommunikation eine Lösung zu finden.

Häufig ändern Menschen, die diese Zusammenhänge verstanden haben, ihren Sprachstil. »So ist es«, wird ersetzt durch: »So sehe ich es.« Anstatt zu sagen: »Das ist klar«, heißt es: »Meiner Meinung nach ...« oder: »Ich sehe die Sache so ...« Damit teilt der Sprecher mit, daß er seine Gesprächspartner ernst nimmt. Er vermittelt ihnen: »Es ist mir wichtig, daß wir uns verstehen. Ebenso wie meine Ansichten und Gefühle verdienen es deine, gehört und verstanden zu werden.«

Meinungsverschiedenheiten können mit diesem neuen Sprachstil etwa folgendermaßen kommentiert werden: »Schön, du siehst die Sache anders. Ich möchte begreifen, wie du sie siehst.« Wir sagen nicht: »Ich habe Recht, und du nicht«, sondern wir sagen: »Ich sehe das anders. Laß mich nachvollziehen, wie du die Dinge siehst.«

Sprache und Beziehungen

Ich werde nie vergessen, wie mich ein Freund einmal um Hilfe bat, weil er in der Beziehung zu seinem heranwachsenden Sohn nicht mehr ein noch aus wußte. »Wenn ich das Zimmer betrete, in dem er liest oder fernsieht, steht er auf und geht hinaus – so schlimm steht es mit uns«, erzählte er.

Ich schlug ihm vor, zunächst einmal zu versuchen, seinen Sohn zu verstehen, statt sich ausschließlich auf den umgekehrten Weg zu versteifen. Er antwortete: »Ich verstehe ihn durchaus. Er muß aber zuerst einmal lernen, seine Eltern zu respektieren. Er muß begreifen, was wir alles für ihn tun.«

»Wenn dein Sohn sich wirklich öffnen soll, dann mußt du davon ausgehen, daß du ihn nicht verstehst und vielleicht nie ganz verstehen wirst. Du mußt ihm klarmachen, daß du das aber gerne möchtest und es versuchen willst.«

Schließlich erklärte sich der Vater einverstanden, von dieser Annahme auszugehen, da er keinen anderen Ausweg mehr sah. Ich versicherte ihm, er müsse sich auf das Gespräch gut vorbereiten, weil es seine Geduld und Selbstbeherrschung auf eine harte Probe stellen würde.

Am nächsten Abend gegen zwanzig Uhr setzte sich der Vater zu seinem Sohn und sagte: »Das Verhältnis zwischen uns beiden gefällt mir nicht. Ich möchte gerne wissen, was wir tun können, um es zu verbessern. Vielleicht habe ich mir nicht genug Zeit genommen, um dich wirklich zu verstehen.«

»Das kann man wohl sagen, daß du das nicht getan hast! Du hast mich noch nie verstanden!«, gab der Sohn hitzig zurück. Innerlich kochte der Vater schon, und er mußte seine ganze Willenskraft zusammennehmen, um nicht zurückzugeben: »Undankbarer Bengel! Du glaubst, ich verstehe dich nicht! Ich bin schließlich durch eine harte Schule gegangen. Ich kenne das Leben!« Aber er beherrschte sich und sagte: »Nun, vielleicht habe ich das wirklich nicht. Jetzt jedenfalls möchte ich das gerne. Kannst du mir dabei helfen? Wie war das beispielsweise vergangene Woche, als wir uns über das Auto gestritten haben? Kannst du mir sagen, wie du die Sache gesehen hast?«

Der Sohn war immer noch zornig und verteidigte seinen Standpunkt in der Auseinandersetzung. Sein Vater konnte gerade noch den Impuls unterdrücken, seine eigene Position entgegenzusetzen. Statt dessen hörte er ruhig zu. Er war froh, daß er sich schon vor dem Gespräch auf eine harte Geduldsprobe eingestellt hatte.

Während er zuhörte, geschah etwas Entscheidendes. Der Junge baute seinen Widerstand nach und nach ab. Schrittweise verließ er die Defensive und begann, offener als je zuvor über seine wirklichen Probleme und Gefühle zu sprechen. Der Vater war so überwältigt, daß er kaum fassen konnte, was geschah. Auch er öffnete sich und redete über einige seiner innersten Gefühle und Sorgen. Er beschrieb auch, wie er das Verhältnis zu seinem Sohn bisher gesehen hatte. Zum ersten Mal seit Jahren griffen die beiden einander nicht an und trieben sich nicht gegenseitig in die Defensive, sondern sie versuchten aufrichtig, einander zu verstehen. Es war ein Glückstag für beide!

Gegen halb elf kam die Mutter herein und meinte, es sei Zeit, zu Bett zu gehen. Der Vater sagte, sie redeten gerade »zum ersten Mal«, und er wolle jetzt nicht aufhören. Sie sprachen noch bis nach Mitternacht über viele Dinge, die ihnen wichtig waren. Als mein Freund mir ein paar Tage später davon erzählte, meinte er gerührt: »Ich habe das Gefühl, meinen Sohn wiedergefunden zu haben, und er hat wieder zu seinem Vater gefunden.« Er war unbeschreiblich froh, daß er sich auf das Wagnis eingelassen hatte, zuerst zu verstehen, bevor er selbst verstanden wurde.

Die entscheidende Dimension in der Kommunikation ist die Beziehung. Viele scheinbar unüberwindliche Hindernisse stehen einem guten Gespräch im Weg, wenn die zwischenmenschlichen Beziehungen schlecht sind. In einer belasteten Beziehung müssen wir jedes Wort sorgfältig abwägen, weil wir den anderen kränken, einen Wutanfall auslösen oder falsch verstanden werden könnten. Er ist mißtrauisch und fühlt sich schnell beleidigt, statt erst einmal zu versuchen, Bedeutung und Inhalt unserer Worte zu ergründen.

Andererseits können wir in einer harmonischen Beziehung fast ohne Worte kommunizieren. Wo ein hohes Maß an Vertrauen und Wohlwollen herrscht, müssen wir nicht jedes Wort auf die Goldwaage legen. Ob mit oder ohne Lächeln, es gelingt uns immer, unsere Botschaft zu vermitteln und verstanden zu werden. Eine Beziehung dagegen, die auf tönernen Füßen steht, wird auch durch noch so viele Worte nicht besser; denn die Worte enthalten keine Bedeutung – diese erhalten sie erst durch uns.

Der Schlüssel zu einer effektiven Kommunikation ist also die zwischenmenschliche Beziehung. In dem Moment, in dem wir in diese besondere Beziehung treten, fangen wir an, die Kommunikation anders zu gestalten. Wir fangen an, Vertrauen aufzubauen. Stellen Sie sich vor, was ein privater Besuch bei jedem Ihrer Angestellten bewirken könnte, ein privates Essen mit einem Geschäftspartner, ein Schwatz mit einem Klienten! In dieser Zeit können Sie sich ausschließlich auf die Interessen, Sorgen, Bedürfnisse, Hoffnungen, Ängste und Zweifel Ihres Gegenübers konzentrieren.

Es gibt ein beeindruckendes Poster mit einer Gebirgsszene, das den Betrachter auffordert: »Lassen Sie sich einen Tag lang vom Berg einnehmen.« Wir könnten in Abwandlung dieses Mottos auch sagen: »Lassen Sie sich eine Stunde lang von Ihrem Kunden einnehmen«, oder: »Lassen Sie sich einen Abend lang von Ihrem Ehepartner einnehmen«. Versuchen Sie, sich ganz und gar der anderen Person zuzuwenden und persönliche Interessen, Sorgen und Bedürfnisse zurückzustellen. Seien Sie ganz bei Ihrem Manager, Kunden oder Partner. Hören Sie einfach zu, und ordnen Sie Ihre Gefühle denen Ihres Gesprächspartners unter.

Logik und Gefühl

Voraussetzung für eine effektive zweiseitige Kommunikation ist, daß beide Seiten den Inhalt und die Absicht der übermittelten Botschaft erfassen und die Sprachen der Logik und des Gefühls beherrschen.

Damit meine ich zwei sehr unterschiedliche Sprachen, wobei die Sprache des Gefühls weit motivierender und stärker ist. Aus diesem Grund ist es auch so wichtig, hauptsächlich mit Augen und Herz zuzuhören, und dann erst mit den Ohren. Unser Ziel muß sein, die Absicht der Botschaft zu verstehen, ohne ihren Inhalt von vornherein zu verwerfen. Dies wird uns gelingen, wenn wir dem anderen Zeit lassen, wenn wir geduldig sind, wenn wir verstehen wollen, bevor wir selbst verstanden werden, und wenn wir unsere Gefühle offen ausdrücken.

Am effektivsten können wir dann unseren eigenen Standpunkt darlegen, wenn wir vorher unter Beweis stellen, daß wir denjenigen unseres Gesprächspartners bis ins Detail verstanden haben. Fassen Sie ihn zu diesem Zweck so präzise wie möglich zusammen. Auch effektive Präsentationen beginnen mit einer Bestimmung der Ist-Situation.

Mitgefühl und Einfühlungsvermögen

Die bisher beschriebenen Anforderungen – uneingeschränkte Aufmerksamkeit während eines Gesprächs, völlige Hingabe unter Zurückstellung eigener Bedürfnisse, Verständnis für andere Sichtweisen – erfordern Mut und Geduld. Beides können Sie aufbringen, wenn Sie in sich selbst ruhen. Die daraus erwachsende Sicherheit ermöglicht es Ihnen, offen für Veränderungen zu sein und sich in das Denken und Fühlen anderer hineinzuversetzen, um die Welt mit ihren Augen sehen zu können. Aber Vorsicht: Damit ist nicht gemeint, daß Sie so fühlen sollen, wie Ihr Gesprächspartner es tut. Das wäre Mitgefühl. Statt dessen verstehen Sie seine Gefühle, weil Sie seine Sichtweise kennen. Das ist Einfühlungsvermögen.

Einfühlungsvermögen ist ein außerordentlich wichtiger Faktor in der Kommunikation, weil andere daran erkennen, daß Sie offen, lernbereit und beeinflußbar sind. Denken Sie daran, daß Sie nur dann Einfluß auf andere nehmen können, wenn diese das Gefühl haben, auch Sie beeinflussen zu können. Wenn wir darüber hinaus noch lernen zuzuhören und zuerst zu verstehen, bevor wir verstanden werden, haben wir schon viel zu einer gelungenen Kommunikation beigetragen. Immer wieder machen wir dann die Erfahrung, daß es zwecklos ist, mit dem Verstand das Herz beherrschen zu wollen. Wir akzeptieren, daß es eine Sprache der Logik und eine Sprache des Gefühls gibt und daß die Menschen eher nach dem Gefühl als nach dem Verstand handeln. Wir sehen, daß Kommunikation fast unmöglich ist, wenn die Gesprächspartner einander nur Schlechtes unterstellen. Wir lernen, daß die Angst im Herzen sitzt; um sie zu vertreiben, müssen wir unsere Beziehungen verbessern.

Kommunikation ist also weniger eine Sache des Intellekts als des Vertrauens. Sie setzt voraus, daß wir Gedanken und Gefühle des anderen akzeptieren und seine Standpunkte respektieren.

Im Unternehmen haben unsere Bemühungen, die Kommunikation zu verbessern, erst dann Aussicht auf Erfolg, wenn sie in den Rahmen der prinzipienorientierten Führung eingebettet sind. Menschen und Beziehungen sind das Fundament. Worauf sollten Initiativen zur Verbesserung sonst aufbauen? Effektive Kommunikation entsteht nur auf dem festen Boden des Vertrauens. Und Vertrauen basiert auf Glaubwürdigkeit, nicht auf Politik.

Kapitel 7

Dreißig Wege der Einflußnahme

Wir alle möchten im Privatleben und im Beruf positiven Einfluß auf Menschen nehmen. Die Motive dafür sind vielfältig: Wir wollen neue Geschäftsverbindungen knüpfen, Kunden halten, Freundschaften pflegen, Verhaltensweisen ändern oder Ehe und Familienleben verbessern.

Aber wie erreichen wir das? Wie können wir andere Menschen beeinflussen, ohne dabei ethische Grundsätze zu verletzen und sie zu manipulieren? Ich gehe davon aus, daß alle Mittel sich unter drei Verhaltenskategorien zusammenfassen lassen:

1. Vorbild sein: die anderen Menschen *sehen*;
2. gute Beziehungen aufbauen: sie *fühlen*;
3. Anleitung geben: andere *hören*.

Die folgenden dreißig Methoden der Einflußnahme lassen sich in diese drei Kategorien einordnen.

Vorbild: Wer sind Sie und wie handeln Sie?

1. *Liegt Ihnen ein unfreundliches Wort auf der Zunge? Behalten Sie es für sich,* vor allem dann, wenn Sie provoziert wurden oder müde sind. Unter solchen Umständen stellt Schweigen die höchste Form der Selbstbeherrschung dar. Wir brauchen einen Maßstab dafür, wann wir uns beherrschen müssen und wann nicht. Ansonsten werden unsere Mitarbeiter wahrscheinlich die Leidtragenden sein. Vielleicht müssen wir neue Kriterien suchen, an denen wir uns orientie-

Pyramide der Einflußnahme

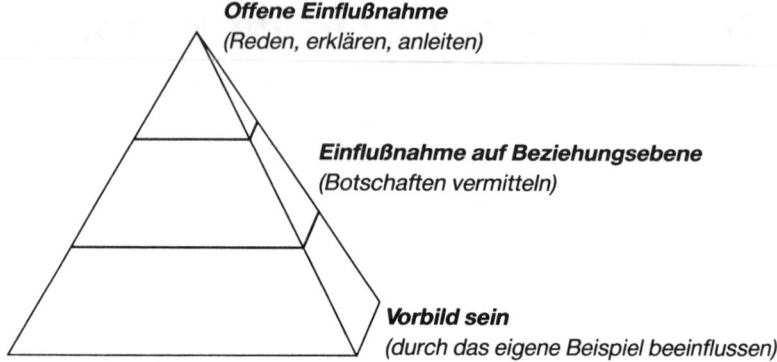

Offene Einflußnahme
(Reden, erklären, anleiten)

Einflußnahme auf Beziehungsebene
(Botschaften vermitteln)

Vorbild sein
(durch das eigene Beispiel beeinflussen)

ren können. Wir müssen innere Kämpfe mit uns selbst austragen, statt außen nach Blitzableitern zu suchen; wir müssen unsere Motive klären, Kontrolle über unsere Reaktionen gewinnen und aufhören, aus dem augenblicklichen Ärger heraus Schläge auszuteilen.

2. *Haben Sie Geduld mit anderen.* In Zeiten, in denen wir unter großem Druck stehen, macht sich die Ungeduld am stärksten bemerkbar. Wir sagen Dinge, die wir nicht wirklich meinen und die in keinem Verhältnis zum Anlaß stehen. Wir ziehen uns in die Schmollecke zurück, kommunizieren durch Gefühle und nonverbale Botschaften, um Kritik, Verurteilung und Ablehnung auszudrücken. Das Ende vom Lied: verletzte Gefühle und angespannte Beziehungen. Geduld ist die praktische Umsetzung von Glaube, Hoffnung, Weisheit und Liebe. Geduld zu üben, ist im Grunde also ein sehr aktiver Vorgang, dem die Annahme zugrundeliegt, daß natürliches Wachstum in kleinen Schritten verläuft. Das Leben bietet eine Überfülle an Gelegenheiten, um Geduld zu üben: Ein Freund läßt Sie warten; ein Flugzeug hat sich verspätet; Sie schenken Ihrem Kind volle Aufmerksamkeit für ein Gespräch, auch wenn Sie schon längst auf dem Weg zur Arbeit sein müßten.

3. *Trennen Sie den Menschen von seinem Verhalten und seiner Leistung.* Damit will ich nicht sagen, daß Sie schlechtes Benehmen und

miserable Leistungen gutheißen sollen. Wir dürfen jedoch nicht vergessen, daß jeder Mensch es verdient, geachtet zu werden. Verzichten Sie also auf nutzlose Vergleiche und herablassende Urteile. Damit haben Sie gleichzeitig ein hervorragendes Mittel, um Mitarbeiter zu besseren Leistungen anzuspornen. Vergessen Sie aber nicht: Die Fähigkeit, zwischen dem Menschen und seiner Leistung zu unterscheiden und damit auch innere Werte zu vermitteln, ist ein Ergebnis Ihres eigenen Selbstwertgefühls!

4. *Tun Sie Gutes im Verborgenen!* Für einen Menschen etwas Gutes zu tun, ohne sich als den Urheber zu erkennen zu geben, steigert das eigene Selbstwertgefühl und die Selbstachtung. Sein Wert wird uns viel bewußter, wenn wir ihm einen Dienst erweisen, ohne Anerkennung dafür zu erwarten. Selbstloser Einsatz für andere war schon immer eine der wirkungsvollsten Methoden der Einflußnahme.

5. *Entscheiden Sie sich für pro-aktive Reaktionen.* Warum handeln wir eigentlich so oft wider besseres Wissen? Vergessen wir vielleicht einen Schritt zwischen dem, was wir wissen und dem, was wir tun? Tatsächlich übersehen wir ein wichtiges Bindeglied: die bewußte Wahl einer Reaktion. Ein solcher Entscheidungsprozeß setzt nämlich voraus, daß wir uns Gedanken machen, eine Meinung bilden und dann unsere Reaktionen bewußt darauf abstimmen. Entscheidungen zu treffen bedeutet, Verantwortung für unser Denken und Tun zu übernehmen, statt sie auf andere Menschen oder die Umstände abzuwälzen. Oft genug geht das nicht ohne innere Kämpfe zwischen widerstreitenden Motiven oder unvereinbaren Konzepten. Wer sich diesem Prozeß aber entzieht, läßt sich von außen leiten. Er verzichtet auf die Freiheit und die Macht, darüber zu entscheiden, wie Menschen oder Umstände ihn berühren.

6. *Halten Sie Versprechen ein.* Versprechen und Vorsätze schaffen Einflußmöglichkeiten. Wenn wir Verbesserungen anstreben, egal in welcher Hinsicht, können wir Versprechen abgeben, Vorsätze fassen, Vereinbarungen treffen, Verpflichtungen eingehen. Was auch immer Sie im Einzelfall tun: Das Wichtigste ist, daß Sie sich daran halten. Überlegen Sie deshalb vorher genau, worauf Sie sich einlassen. Daran, ob wir Verpflichtungen eingehen und sie erfüllen, läßt

sich ablesen, wie sehr wir an uns selbst und unsere Integrität glauben.

7. *Konzentrieren Sie sich auf Ihren Einflußbereich.* Auch wenn es paradox klingt: Wer versucht, innerhalb seiner Kontrollmöglichkeiten etwas zu bewirken, erweitert diese gleichzeitig. Direkte Probleme mit der Kontrolle werden gelöst, indem wir gewohnte Denk- und Handlungsmuster verändern. Zur Lösung indirekter Probleme müssen wir die Methoden der Einflußnahme verändern. Beispielsweise jammern wir in regelmäßigen Abständen: »Wenn der Chef bloß mein Problem verstünde ...«. Nur wenige von uns nehmen sich aber die Zeit dafür, eine Präsentation vorzubereiten, die ihm eine Grundlage für eine angemessene Reaktion und eine adäquate Behandlung unserer Schwierigkeiten bieten würde. Wo Kontrolle kein Problem mehr ist, können wir selbst entscheiden, wie etwas oder jemand uns berührt.

8. *Leben Sie das Gesetz der Liebe.* Wenn wir nach den Gesetzen der Liebe leben, haben wir auch etwas für die Gesetze des Lebens getan. Auch Menschen, die sich nach außen hin hart und autonom geben, haben einen weichen Kern. Wer es versteht, mit dem Herzen zuzuhören, wird ihn entdecken und damit den ersten Schritt zur Einflußnahme tun. Der nächste Schritt besteht dann darin, solchen Menschen unsere Liebe zu zeigen, vor allem bedingungslose Liebe. Damit vermitteln wir ihnen Selbstwert und Sicherheit. Viele Menschen beziehen Sicherheit und Stärke aus Äußerlichkeiten: Statussymbolen, Leistungen und Beziehungen. Aber wer seine Stärke nur borgt, wird früher oder später wieder auf seine Schwäche zurückgeworfen. Wir alle mißtrauen oberflächlichen Beziehungstechniken und manipulierenden Erfolgsformeln, die mit aufrichtiger Liebe nichts zu tun haben.

Beziehung: Wollen Sie das Beste für andere Menschen?

9. *Unterstellen Sie anderen Menschen nur Gutes.* Wenn Sie davon ausgehen, daß andere stets ihr Bestes geben, üben Sie einen wir-

kungsvollen Einfluß aus und tragen viel dazu bei, daß Ihre Annahme sich auch erfüllt. In der Regel ist es so, daß unsere Neigung, zu klassifizieren und zu kategorisieren, zu urteilen und zu messen, nur das Produkt eigener Unsicherheit und Frustration angesichts einer komplexen, sich ständig verändernden Wirklichkeit ist. Jeder Mensch verfügt über Dimensionen und Potentiale, die im Verborgenen schlummern. Eine Chance dafür, sie freizulegen, besteht nur, wenn wir uns ihnen vorurteilsfrei nähern. Das birgt natürlich auch die Gefahr, daß unser Vertrauen ausgenutzt wird. In den meisten Fällen aber bringen wir das Gute in den Menschen ans Tageslicht, weil wir an sie glauben. Alleine dieser Glaube, der auf ehrlichen Motiven und innerer Sicherheit beruht, bewirkt Gutes.

10. *Zuerst verstehen.* Versuchen Sie, zuerst zu verstehen, und dann erst verstanden zu werden. Wenn wir ein Gespräch führen, müssen wir unserem Partner volle Aufmerksamkeit schenken, uneingeschränkt für ihn da sein. Wir müssen uns einfühlen, uns in seinen Standpunkt hineinversetzen, eine Zeitlang in seine Haut schlüpfen. Dies erfordert Mut, Geduld und innere Sicherheit. Solange Ihr Gegenüber nicht das Gefühl hat, daß Sie ihn verstehen, verschließt er sich auch Ihrem Einfluß.

11. *Belohnen Sie offene, ehrliche Äußerungen oder Fragen.* Allzu häufig kommt es vor, daß wir andere für ehrliche, offene Äußerungen oder Fragen bestrafen, statt sie zu belohnen. Wir machen ihnen Vorwürfe, verpassen ihnen Etiketten, bringen sie in Verlegenheit. Sie schließen daraus, daß es besser ist, sich zurückzuhalten oder sogar abzuschotten und keine Fragen zu stellen. Das größte Hindernis für ein aufrichtiges Gespräch ist der Hang, zu kritisieren und zu verurteilen.

12. *Reagieren Sie verständnisvoll.* Wenn Sie mit Verständnis reagieren, also auch auf Gefühle eingehen, geschehen drei positive Dinge: Sie gewinnen mehr Klarheit über Gefühle und Probleme; Sie haben mehr Mut zu verantwortungsbewußter Unabhängigkeit; und Sie schaffen echtes Vertrauen. Verständnisbereitschaft ist dann am wichtigsten, wenn Ihr Gesprächspartner über ein Thema reden möchte,

das stark emotional besetzt ist. Auch hier geht es wieder um weit mehr als eine Technik, nämlich um eine innere Einstellung. Verständnisbereitschaft als Mittel der Manipulation wird nichts bewirken. Sie müssen von dem aufrichtigen Interesse geleitet sein, den anderen zu verstehen.

13. *Ergreifen Sie die Initiative, wenn Sie sich verletzt fühlen.* Wenn jemand Sie unwissentlich kränkt, vielleicht sogar mehrmals, dann klären Sie die Angelegenheit von sich aus. Denken Sie, was geschehen kann, wenn Sie dies nicht tun: Sie nähren Ihren Groll so lange, bis der Anlaß in keinem Verhältnis mehr zur Reaktion steht; dann gehen Sie in die Defensive, um sich vor weiteren Verletzungen zu schützen. Wenn Sie jedoch die Initiative ergreifen, dann tun Sie das in positiver Grundstimmung und vermeiden Rachefeldzüge. Beschreiben Sie, wann und wie Sie gekränkt wurden und wie Sie sich dabei gefühlt haben. Verzichten Sie dabei auf den erhobenen Zeigefinger. So kann Ihr Gesprächspartner das Gesicht wahren und etwas aus dem Vorfall lernen, ohne sich bedroht zu fühlen. Unsere Gefühle, Meinungen und Wahrnehmungen sind nie objektiv. Wenn Sie daran denken, verfügen Sie über einen zuverlässigen Schutz gegen Überheblichkeit!

14. *Gestehen Sie Fehler ein, und entschuldigen Sie sich.* Für Spannungen in einer Beziehung sind meist beide Seiten verantwortlich. Es reicht nicht aus, dies einzusehen und sich einfach anders zu verhalten. Bringen Sie also zum Ausdruck, wo Sie Ihrer Meinung nach Fehler begangen haben. Rechnen Sie damit, daß der andere sich verletzt fühlt und Ihre Bemühungen deshalb zunächst einmal abwehrt. Geben Sie Ihre Fehler zu, und bitten Sie um Vergebung, ohne Ausflüchte, Erklärungen oder Rechtfertigungen.

15. *Meiden Sie Streitigkeiten.* Antworten Sie nicht auf Argumente oder Beschuldigungen, die im Streit vorgebracht wurden. Wenn Sie darauf eingehen und Gegenargumente suchen, schüren Sie Feindseligkeit und Wut nur noch weiter. Wenn Sie dagegen ruhig bleiben, muß sich der andere auf sich selbst besinnen und die Konsequenzen seines Verhaltens tragen. Lassen Sie sich nicht von Streitsucht anstecken, denn damit schwächen Sie sich selbst. Je öfter Sie sich auf

fruchtlose Auseinandersetzungen einlassen, desto mehr Mißverständnisse, Vorwürfe und Kämpfe entstehen daraus. Setzen Sie dem zwanghaften Bedürfnis, das letzte Wort zu haben und Meinungsverschiedenheiten immer für sich zu entscheiden, Ihren inneren Frieden entgegen.

16. *Gehen Sie schrittweise vor.* Eine Führungskraft kann im Beruf stark engagiert sein, aktives Vereinsmitglied sein, im Leben vieler Menschen eine große Rolle spielen und trotzdem keine tiefe, innige Beziehung zum eigenen Ehepartner haben. Um eine solche Beziehung in einer Partnerschaft aufzubauen, ist mehr Charakter, Demut und Geduld nötig, als man braucht, um sich auf die vielen anderen Menschen einzulassen. Oft rechtfertigen wir die Vernachlässigung der einen Beziehung zugunsten der Vielzahl anderer, weil wir mit so viel Wertschätzung und Dankbarkeit belohnt werden. Trotzdem wissen wir, wie wichtig die gemeinsame Zeit mit dem besonderen Menschen in unserem Leben ist. Bei Kindern bietet es sich an, spezielle Verabredungen zu treffen, damit wir ihnen ungeteilte Aufmerksamkeit schenken können, ohne sie zu beurteilen, Vorträge zu halten oder Vergleiche zu ziehen.

17. *Pflegen Sie Beziehungen.* Sicherlich gibt es Interessen und Anliegen, die Sie mit Ihren Freunden, der Familie und Mitarbeitern teilen. Solche Gemeinsamkeiten beeinflussen Beziehungen weit stärker als die Unterschiede. Das heißt nicht, daß man letztere unter den Teppich kehren sollte, aber zumindest haben sie eine untergeordnete Bedeutung. Fakten und Meinungen können nie so wichtig sein wie die Beziehung an sich.

18. *Lassen Sie sich zuerst beeinflussen.* Wir haben auf andere nur insoweit Einfluß, wie sie das Gefühl haben, auch auf uns einwirken zu können. Ein Sprichwort lautet: »Es kommt nicht darauf an, wie viel du weißt, sondern darauf, wie sehr es dich berührt.« Wenn jemand das Gefühl hat, Sie kümmern sich um ihn und verstehen seine Probleme, hat er gleichzeitig das Gefühl, Sie beeinflußt zu haben. Er entwickelt dann eine erstaunliche Offenheit. Wir schlucken eine bittere Arznei bereitwilliger, wenn ihr eine gute Diagnose vorausgegangen ist.

19. *Üben Sie Toleranz.* Wenn Sie jemanden zum Besseren verändern wollen, heißt der erste Schritt: Nehmen Sie ihn so, wie er ist. Nichts zementiert defensives Verhalten besser als Verurteilungen, Vergleiche oder Ablehnung. Das Gefühl, akzeptiert zu werden, befreit einen Menschen vom Bedürfnis, seinen Wert ständig unter Beweis stellen zu wollen. Er kann seine Energien dann konstruktiver einsetzen und wirkliche Verbesserungen erzielen. Akzeptieren bedeutet dabei nicht, Schwächen zu entschuldigen oder anderen Meinungen kritiklos zuzustimmen. Aber es heißt, den Wert eines anderen Menschen zu bestätigen, indem man respektiert, daß er auf die ihm eigene Weise denkt und fühlt.

Anleitung: Auf das Wie kommt es an

20. *Konzentrieren Sie sich nicht nur auf den Inhalt des Gesagten, sondern lassen Sie auch Ihr Herz sprechen.* Der Ton macht die Musik. Bevor Ihre Kinder aus der Schule zurückkommen und mit ihren Wünschen auf Sie einstürmen, halten Sie inne und sammeln Sie ihre Kräfte. Stimmen Sie Kopf und Herz auf die vor Ihnen liegende Aufgabe ein. Seien Sie heiter und freundlich, und widmen Sie sich ihnen voll und ganz. Oder bleiben Sie noch einen Augenblick im Auto sitzen, wenn Sie von der Arbeit nach Hause kommen. Fragen Sie sich: »Was kann ich meiner Frau oder meinem Mann und den Kindern heute Gutes tun?« Zapfen Sie Ihre Ressourcen an. Wenn es Ihnen gelingt, Ihre besten Seiten zum Vorschein zu bringen, ist die Müdigkeit nicht mehr so wichtig, und Ihr guter Wille erhält neuen Auftrieb.

21. *Vermeiden Sie Kampf- und Fluchtverhalten, und reden Sie statt dessen über Unterschiede.* Auf Meinungsverschiedenheiten reagieren viele Menschen entweder mit Kampf oder mit Flucht. Das Kampfverhalten gibt es in vielen Formen: Gewalt, offene Wutausbrüche, oder hintergründiger Sarkasmus, scharfe Erwiderungen, kluge Sprüche, ironischer Humor, einseitige Verurteilungen. Auch das Fluchtverhalten kommt in unterschiedlicher Weise zum Ausdruck. Manche Menschen ziehen sich einfach zurück und geben sich

ihrem Selbstmitleid hin. Auf diesem Boden gedeihen Rachefeldzüge. Andere fliehen, indem sie sich kalt und gleichgültig geben oder
um jedes Engagement und jede Verantwortung einen großen Bogen
machen.

22. *Nehmen Sie sich Zeit.* Erst durch die Unterschiede zwischen den
Menschen werden die wirklich erfüllten Augenblicke möglich, die
man erlebt, wenn man anderen etwas gibt. Allerdings gibt es Momente, in denen man lehren sollte, und Momente, in denen man es
lassen sollte. Ersteres ist der Fall,

a) wenn die Lernenden sich nicht bedroht fühlen. Andernfalls ver-
schärfen Sie die Situation nur noch; warten Sie also besser auf eine
neue Gelegenheit oder schaffen Sie vorher ein Klima der Sicherheit
und des Vertrauens.

b) wenn Sie weder wütend noch frustriert sind, sondern Zuneigung,
Respekt und innere Sicherheit spüren.

c) wenn der andere Hilfe und Unterstützung benötigt. Mit Erfolgs-
meldungen hereinzustürmen, wenn jemand an einem Tiefpunkt angelangt ist, heißt, einem Ertrinkenden das Schwimmen beibringen
zu wollen. Denken Sie daran: Wir leiten andere schon alleine dadurch an, daß wir ihnen vorleben, was wir sind.

23. *Führen Sie einen Konsens über Grenzen, Regeln, Erwartungen
und Konsequenzen herbei.* Solche eindeutigen Übereinkünfte müssen von allen Betroffenen verstanden und nötigenfalls auch durchgesetzt werden. Persönliche Sicherheit entspringt weitgehend einem
Sinn für Gerechtigkeit. Man möchte gerne wissen, was von einem
erwartet wird, wo die Grenzen liegen, wie Regeln und Konsequenzen aussehen. Wo Grenzen verschwimmen und Regeln willkürlich
sind – an einem Tag dies, am anderen jenes –, kann man kein geord-
netes Leben führen. Kein Wunder, daß viele Kinder glauben, ihre
Fähigkeit, die Menschen und das Leben zu manipulieren, sei die
wichtigste Voraussetzung für späteren Erfolg. Wenn das Leben zu
einem Spiel wird, dessen Regeln sich manipulieren lassen, besteht
die einzige Sünde darin, sich erwischen zu lassen.

24. *Geben Sie nicht auf, und geben Sie nicht nach.* Menschen sollten
die Konsequenzen ihres Verhaltens unmittelbar sehen und erfahren.

Wenn wir diesen Grundsatz nicht beachten, unterstellen wir ihnen im Grunde Unzulänglichkeit und Schwäche. Wir fördern Verwöhntheit, indem wir verantwortungsloses Verhalten entschuldigen. Wenn wir dagegen aufgeben – jemanden nicht mehr beachten oder ihn im Gegenteil nur noch beschimpfen –, unterminieren wir seine Motivation, sich überhaupt noch Mühe zu geben. Der Leitsatz: *Gib nicht auf, und gib nicht nach,* unter dem Grundsatz der Liebe, entwickelt sich aus einer verantwortungsvollen, disziplinierten Lebensweise. Alles andere heißt, den Weg des geringsten Widerstandes zu gehen: Wir geben nach, wenn uns jemand wichtig ist, und wir geben auf, wenn das nicht der Fall ist.

25. *Seien Sie in wichtigen Lebensabschnitten da.* Niemand möchte, daß uns nahestehende Menschen sich bei wichtigen Entscheidungen von kurzfristigen Perspektiven, emotionalen Stimmungen, persönlicher Unsicherheit und Selbstzweifeln leiten lassen. Wie können wir Einfluß auf sie nehmen? Zunächst einmal gilt: Denken Sie nach, bevor Sie handeln. Lassen Sie sich nicht von Ihren eigenen Emotionen zu etwas verleiten, was die Beziehung und Ihren derzeitigen Einfluß gefährdet. Zweitens: Machen Sie sich klar, daß die Spezies Mensch eher nach dem Gefühl handelt als nach der Ratio. Motivation ist eher eine Funktion des Herzens als des Kopfes. Wenn wir spüren, daß unsere Logik nicht auf einer Linie mit den Emotionen des anderen liegt, sollten wir versuchen, seine Sprache zu lernen, als sei es eine Fremdsprache – ohne Verurteilung und ohne Ablehnung. Damit vermitteln wir Respekt und Toleranz, wir reißen Verteidigungsmauern ein und wecken den Wunsch, das zu tun, was richtig ist.

26. *Sprechen Sie die Sprache der Logik und des Gefühls.* Die Sprache der Logik und die Sprache des Gefühls sind so unterschiedlich wie Englisch und Französisch. Wenn wir feststellen, daß wir keine gemeinsame Sprache sprechen, muß einer der vier anderen Wege beschritten werden, um effektiv zu kommunizieren:
a) Sie widmen dem anderen Zeit, denn damit zeigen Sie, daß er Ihnen wichtig ist;
b) Sie üben sich in Geduld: »Ich passe mich deinem Tempo an, ich warte gerne auf dich, du bist es mir wert«;

c) Sie bemühen sich aufrichtig darum, den anderen zu verstehen, damit er seine Energien nicht in fruchtlose Verteidigungsversuche stecken muß;

d) Sie drücken Gefühle offen aus und achten auf Übereinstimmung mit Ihren nonverbalen Signalen.

27. *Delegieren Sie effektiv.* Effektives Delegieren erfordert Mut, weil wir das Risiko eingehen, daß andere auf Kosten unserer Zeit, unseres Geldes und unseres guten Rufes Fehler machen. Dieser Mut besteht aus Geduld und Selbstbeherrschung, aus dem Glauben an das Potential der anderen und dem Respekt vor individuellen Unterschieden. Effektives Delegieren verläuft in zwei Richtungen: Verantwortung übertragen und Verantwortung übernehmen. Es lassen sich drei Phasen unterscheiden. Am Anfang steht eine Vereinbarung. Die Beteiligten wissen, was von ihnen erwartet wird, welche Mittel ihnen zur Verfügung stehen, wie weit ihre Machtbefugnis geht und an welche Vorgaben sie sich halten müssen. In der zweiten Phase werden diejenigen, an die delegiert wurde, unterstützt. Der Supervisor wandelt sich vom gefürchteten Gegner zum Helfer. Er stellt Ressourcen zur Verfügung, beseitigt Hindernisse, unterstützt Aktionen und Entscheidungen, vermittelt eine Vision, sorgt für Trainingsmöglichkeiten und kümmert sich um das Feedback. Am Ende schließlich steht die Kontrolle. Dabei handelt es sich weitgehend um einen Prozeß der Selbstbewertung, da diejenigen, an die delegiert wurde, ihre Ergebnisse und Leistungen selbst kontrollieren.

28. *Beteiligen Sie Mitarbeiter an sinnvollen Projekten.* Solche Projekte, deren Sinn und Zweck zuvor allen Beteiligten deutlich gemacht wurde, haben am meisten Aussicht auf Erfolg. Was aber für einen Manager sinnvoll ist, kann für einen Untergebenen bedeutungslos sein. Diese Schwierigkeit wird aus dem Weg geräumt, wenn die Menschen von Anfang an am Planungs- und Denkprozeß beteiligt werden. Wir alle möchten gerne an einer guten Sache mitwirken. Ohne solche Projekte verliert das Leben seine Bedeutung; tatsächlich ist es schwer, einen Sinn für sein Leben zu finden, wenn man gleichzeitig versucht, jeder Spannung aus dem Weg zu gehen. Das Leben spielt sich im Spannungsfeld zwischen Wunsch und Wirk-

lichkeit ab – wir alle brauchen Ziele, für die es sich lohnt zu kämpfen.

29. *Lehren Sie das Gesetz der Ernte:* Wer im Frühjahr das Feld nicht bestellt, kann im Herbst nichts ernten. Konzentrieren Sie sich auf natürliche Prozesse und übertragen Sie diese auf das Unternehmen. Gestalten Sie insbesondere das Entlohnungssystem so, daß es das Gesetz der Ernte reflektiert.

30. *Lehren Sie verantwortungsbewußtes Handeln, indem Sie natürliche Konsequenzen für sich sprechen lassen.* Oft bewegen alleine schon die logischen Konsequenzen bestimmter Handlungen ihre Urheber zu einem Umdenken und zu verantwortungsvollerem Handeln. Nutzen Sie diesen Umstand, um Einfluß auszuüben, auch wenn Sie sich damit nicht allzu beliebt machen. Popularität ist sowieso etwas sehr Unbeständiges und eignet sich nicht als Maß einer charakterlichen Entwicklung. Wer Gerechtigkeit durchsetzt, muß mehr und nicht weniger lieben. Wer es wirklich ernst mit einem Menschen meint, kann auch sein Mißfallen ertragen, weil es von untergeordneter Bedeutung ist.

Drei Kardinalfehler

Bei unseren Versuchen, Einfluß auf andere Menschen zu nehmen, laufen wir Gefahr, drei große Fehler zu begehen. Sie hängen alle damit zusammen, daß wir über die drei Kategorien der Einflußnahme hinweggehen.

1. *Fehler: Sie geben zuerst Ratschläge, bevor Sie den anderen verstehen.* Vor dem Rat steht das Verständnis. Es ist der Schlüssel zu jeder Art der Einflußnahme. Wenn Sie den anderen nicht verstehen, sich nicht in seine Situation und Gefühle hineinversetzen, können Sie ihn auch nicht beraten. Wenn Sie seine Einzigartigkeit abstreiten, nimmt er Ihren Rat nicht an. Abhilfe: Demonstrieren Sie Einfühlungsvermögen, indem Sie zuerst verstehen und dann erst verstanden werden wollen.

2. *Fehler: Sie versuchen, Beziehungen aufzubauen oder zu erneuern, ohne die eigenen Verhaltensweisen und Einstellungen zu verändern.* Wir versuchen, eine Beziehung aufzubauen oder zu erneuern, ohne in unserem Verhalten und unserer Einstellung etwas Grundsätzliches zu verändern. Wenn andere immer wieder feststellen müssen, daß wir nicht aufrichtig, sondern widersprüchlich sind, wird keine Technik der Art »Freunde gewinnen« funktionieren. Abhilfe: Zeigen Sie Beständigkeit und Ehrlichkeit.

3. *Fehler: Sie gehen davon aus, daß ein gutes Beispiel zu sein und eine gute Beziehung ausreichen.* Wir glauben, daß unser gutes Beispiel für sich spricht und verzichten deshalb auf weitere Erklärungen und Anleitungen. So wie Vision ohne Liebe keinerlei Motivation hervorbringt, so führt Liebe ohne Vision zu einem Mangel an Zielen, Richtlinien und Maßstäben. Abhilfe: Setzen Sie Diskussionen über die Vision und über Rollen, Ziele, Richtlinien und Maßstäbe in Gang.

Letztendlich teilt sich das, was wir sind, viel deutlicher und überzeugender mit als das, was wir sagen oder sogar tun.

Kapitel 8

Drei Wege zu erfüllten Beziehungen in Ehe und Familie

Berufliche Erfolge können ein Scheitern in Ehe und Familie nicht aufwiegen, denn hinter einem verkorksten Familienleben verblaßt die Bedeutung von Geld und Ruhm sehr schnell.

In der Beziehung zum Ehepartner und den Kindern herrscht, wie in allen anderen Beziehungen, eine Tendenz zu Konflikten. Scheidungen gehören zu den verheerendsten Prozessen im Leben, allein wenn man nur an die Folgen für die betroffenen Kinder denkt.

Ein dauerhaft harmonisches Familienleben zu führen ist nicht einfach. Die Aussichten auf Erfolg stehen jedoch schon ziemlich gut, wenn die Familie von einem prinzipienorientierten Team geführt wird. Darüber hinaus tragen die folgenden drei prinzipienorientierten Verhaltensweisen dazu bei, familiäre Beziehungen zu beleben und zu bereichern.

1. *Denken Sie langfristig.* Ohne langfristige Perspektiven stehen Sie schwere Zeiten, die es in jeder Ehe und Familie gibt, nicht durch. »Wo ein Wille ist, ist auch ein Weg« – nach diesem Motto kann nur leben, wer weiter als über den kommenden Tag hinaus plant.

Kurzfristige Perspektiven führen uns in einen Sumpf, aus dem wir uns an den eigenen Haaren wieder herausziehen müssen. Sehr problematisch ist es beispielsweise, wenn wir jedes Beziehungsproblem in der Ehe oder Familie nur als weiteres frustrierendes Hindernis auf der Schnellstraße zur Selbstverwirklichung sehen.

Basiert Ihre Ehe und Familie auf einer kurzfristigen oder einer langfristigen Perspektive? Um dies herauszufinden, empfehle ich die folgende Übung. Überschreiben Sie die linke Seite eines Blattes mit »kurzfristige Perspektive« und die rechte Seite mit »langfristige Perspektive«. In der Mitte notieren Sie alle Sorgen oder Fragen, die Sie im Zusammenhang mit Ihrem Familienleben beschäftigen. Dazu können Themen wie die Rolle des Ehemanns/Vaters und der Frau/Mutter, finanzielle Angelegenheiten, Kindererziehung, verwandtschaftliche Beziehungen, Empfängnisverhütung, moralische oder religiöse Dinge, Lebensstil, Problemlösungsstrategien und ähnliches gehören. Überprüfen Sie jede Frage, indem Sie zuerst ihre kurzfristigen Aspekte beleuchten und dann über die langfristigen nachdenken.

Diese Übung gewährt Ihnen tiefe Einblicke in die Beziehung zum Ehepartner und zu Ihren Kindern. Bauen Sie Brücken zwischen Wunsch und Wirklichkeit, um zu vermeiden, daß Sie in zwei künstlich getrennten Bereichen leben: Einerseits in einer abstrakten, geistigen, idealistischen, spirituellen Welt und andererseits im grauen Alltag. Integration erzeugt Integrität.

2. *Schreiben Sie ein neues Drehbuch für Ihr Ehe- und Familienleben.* Kinder sind abhängig, verletzbar und bedürftig, was Liebe und Anerkennung angeht. Deshalb prägen uns gerade Kindheitserfahrungen so nachhaltig. Unsere Eltern leben Rollen vor, mit denen wir uns identifizieren – egal, ob uns das einen guten oder einen schlechten Part einbringt. Wir bekommen also eine Art Drehbuch mit auf den Weg, nach dem wir leben. Dabei spielt die Gefühlsebene eine weit größere Rolle als die Verstandesebene. Rollen sind letztendlich das Produkt der Verletzbarkeit der Kindheit, der Abhängigkeit von anderen Menschen, des Bedürfnisses, angenommen und geliebt zu werden, dazuzugehören und wichtig zu sein. Aus diesem Grund gehört die Rollenvorgabe zu den verantwortungsvollsten Aufgaben von Eltern. Die Drehbücher, die sie weitergeben, haben nämlich die besten Aussichten, tatsächlich auch realisiert zu werden.

Menschen identifizieren sich weit mehr mit dem, was sie sehen und fühlen, als mit dem, was sie hören. Das Drehbuch des Lebens entsteht zu etwa neunzig Prozent durch Beispiele und Beziehungen und nur zu zehn Prozent durch Reden. Deshalb ist das tägliche elterliche Vorbild die bei weitem wichtigste Form der Einflußnahme! Wir dürfen keine hohen moralischen Prinzipien verkünden und im Alltag nörgeln und kritisieren, egoistisch und lieblos sein.

Gleichzeitig hat es aber jeder Mensch in der Hand, sein Drehbuch umzuschreiben. Wir können uns mit neuen Vorbildern identifizieren und Beziehungen anders als bisher gestalten. Bessere Drehbücher entstehen aber nicht dadurch, daß wir ein gutes Buch in die Hand nehmen und uns die richtigen Prinzipien anlesen. Vielmehr müssen wir uns dazu mit Menschen identifizieren, die diese Prinzipien leben, und Beziehungen mit ihnen aufbauen. Denn die besten Prinzipien nützen nichts, wenn sie nicht vorgelebt werden. Wieviel einfacher ist es, meine Studenten die korrekten Prinzipien zu lehren, als sie wirklich kennenzulernen und zu lieben; wieviel einfacher, klugen Rat zu erteilen, als Einfühlungsvermögen und Offenheit zu üben, damit sie auch mich kennenlernen und lieben; wieviel einfacher, unabhängig zu sein als interdependent; und wieviel einfacher, zu kritisieren und zu richten, statt selbst mit gutem Beispiel voranzugehen.

Drehbuch-Konflikte und ungleiche Rollenerwartungen sind auch der Ursprung vieler Eheprobleme. Der Ehemann findet, es gehöre zur Rolle seiner Frau, sich um den Garten zu kümmern, da seine Mutter dies auch getan hat. Die Frau wiederum glaubt, es müsse umgekehrt sein, weil in ihrer Familie der Vater die Gartenarbeit übernommen hatte. So kann ein kleines Problem unangemessene Dimensionen annehmen, weil ungleiche Drehbücher miteinander konkurrieren und Unterschiede verstärken. Sehen Sie sich einmal Ihre eigenen Ehe- und Familienprobleme an, und überlegen Sie, inwieweit ungleiche Rollenerwartungen bestehen und ob sie durch unterschiedliche Drehbücher weiter verfestigt werden.

3. *Überprüfen Sie Ihre Rollen.* Ehepartner und Eltern können im wesentlichen drei verschiedene Rollen ausüben: Macher, Manager oder Führer. Ein Macher sorgt dafür, daß Ergebnisse erzielt werden: Das Kind räumt sein Zimmer auf; der Vater bringt den Müll hinaus; die Mutter legt das Baby schlafen. Dem Macher stehen bestimmte Instrumente zur Verfügung, die ihm seine Aufgabe erleichtern.

Bei einem sehr auf die Macher-Rolle ausgerichteten Elternteil kann es passieren, daß das Ergebnis an sich – ein sauberes Haus oder ein gepflegter Garten – ins Zentrum seines Interesses rückt. Der Vater oder die Mutter machen die meiste Arbeit selbst, um dann ihren Kindern vorzuwerfen, daß sie sich um ihren Anteil drücken würden. Dabei werden Kinder aber nie richtig darauf vorbereitet, selbst aktiv zu werden.

Viele »Macher«-Eltern können nicht delegieren. Folglich sind sie überlastet, sie fallen abends vor Erschöpfung halbtot ins Bett, sie sind ständig gereizt und außerdem enttäuscht darüber, daß man ihnen nicht etwas mehr zur Hand geht. Sie glauben, die meisten Probleme könnten gelöst werden, indem man die Ärmel hochkrempelt und anpackt. Im Geschäftsleben führt dieses Verhalten dazu, daß ihr Aktionsradius sehr begrenzt bleibt; letztendlich sind sie zum Scheitern verurteilt. Sie verstehen es nicht, so zu delegieren, daß andere wirklich motiviert werden. Wenn sie es doch einmal versuchen, sagen sie: »Es kostet mich weit mehr Zeit, alles zu erklären, als die Arbeit selbst zu tun.« Also kehren sie zu ihrem alten Verhalten zurück, bemitleiden sich und spielen die Märtyrerrolle. Sie sind ständig überlastet, in Eile, müde und enttäuscht. Wenn andere Fehler machen, sind sie sofort zur Stelle, um sie zu korrigieren. Durch ihre dauernde Kontrolle unterminieren sie die Motivation ihrer Mitmenschen und sorgen gleichzeitig dafür, daß ihre Prophezeiung sich erfüllt: »Ich wußte, daß sie es nicht schaffen.«

Dagegen sind Eltern in der »Manager«-Rolle sehr wohl in der Lage, Aufgaben an ihre Kinder zu delegieren. Daraus erwächst Einfluß: Die Investition an Worten bringt ein Vielfaches an Ergebnissen zurück. Eine Mutter mit dem Talent zur Managerin kann die Schwächen eines macherorientierten Kindes ausgleichen. Sie kennt die Bedeutung von Strukturen und Systemen – Trainingsprogramme, Kommunikationsnetze, Informationswege und natürlich Entlohnungssysteme – und weiß, wie wichtig es ist, bekannte und immer wiederkehrende Abläufe auf die Basis korrekter Prinzipien zu stellen. Viele Dinge laufen dann wie von selbst. Doch gerade aus diesem Grund neigen auch viele »Manager«-Eltern dazu, unflexibel, bürokratisch, methoden- und systemorientiert zu sein. Im Laufe der Zeit konzentrieren sie sich immer mehr auf Effizienz anstatt auf Effektivität – es ist ihnen wichtiger, die Dinge richtig zu machen, statt die richtigen Dinge zu tun.

Das Ehe- und Familienleben ist dem Wesen nach interdependent. Ohne Organisation muß das Rad täglich neu erfunden werden, es gibt keine festen Systeme und verläßlichen Abläufe, Eltern und Kinder reiben sich tagtäglich mit Rollenkonflikten und ungeklärten Zuständigkeiten auf, und wenn die Arbeit liegenbleibt, schieben sie sich gegenseitig die Schuld in die Schuhe. Um gute »Manager« zu sein, benötigen Eltern ein hohes Maß an Unabhängigkeit, innerer Sicherheit und Selbstvertrauen. Andernfalls sind sie nicht in der Lage, bewußt zu kommunizieren und zu kooperieren, mit und durch andere zu arbeiten, flexibel zu sein und sich an die Bedürfnisse der anderen Familienmitglieder anzupassen.

In der dritten möglichen Rolle, als Führer, können Eltern Veränderungen bewirken. Veränderungen schaffen jedoch auch Unruhe, sie rufen Ängste hervor und schüren Unsicherheit. Deshalb ist es wichtig, notwendige Umbrüche verständnisvoll zu begleiten: Fühlen Sie sich in Widerstände ein, helfen Sie den Betroffenen dabei, ihre Sorgen offen zu äußern und an der Erarbeitung neuer, akzeptabler Lösungen mitzuwirken. Ohne eine solche Führung und Anleitung verfestigt sich der Widerstand, und irgendwann erstarrt das Familienleben in sinnentleerter Bürokratie oder die Partnerbeziehung im kalten Scheinfrieden.

Es gibt viele Familien, deren Zusammenleben zwar durchorganisiert ist, denen es aber an Führung mangelt; sie kennen zwar die richtigen Methoden, setzen sie aber für den falschen Zweck ein; sie arbeiten hervorragende Systeme aus, geben aber zu wenig Wärme weiter. Die meisten Kinder kehren einem solchen Familienleben den Rücken, sobald sie dazu in der Lage sind. Manche kommen nie mehr zurück, andere nur aus Pflichtgefühl. Dieses Phänomen tritt auch in den Familienbeziehungen zwischen den Generationen auf. Entweder treffen sich Familien häufig und gerne, oder sie kommen nur gelegentlich zu den konventionellen Anlässen zusammen. Sobald aber die Geburtstage, Jubiläen und Hochzeitstage nicht mehr gefeiert werden, weil die betreffenden Verwandten gestorben sind, geht jeder seine eigenen Wege und fühlt sich Nachbarn oder alten Freunden enger verbunden als Brüdern, Schwestern, Cousins, Tanten und Onkeln.

In einer Familie, in der die Mutter ständig eine »Macher«-Rolle, der Vater eine »Manager«-Rolle und niemand die Führungsrolle einnimmt, kann man davon ausgehen, daß die Kinder wenig Mitarbeit leisten, und wenn, dann nur ungern. Ein Führer hat die Aufgabe, eine Vision aufzuzeigen und durch sein Vorbild den richtigen Weg zu weisen, durch Liebe zu motivieren und ein gutes Team aufzubauen, dessen Mitglieder effektiv arbeiten und Ergebnisse für wichtiger erachten als Methoden und Systeme.

Diese drei interdependenten Rollen – Macher, Manager und Führer – sind von grundlegender Bedeutung in Ehe und Familie. In den ersten Phasen einer Ehe müssen beide Partner alle drei Rollen mit unterschiedlicher Gewichtung ausfüllen. Wenn die Kinder dann später in der Lage sind, Verantwortung zu übernehmen, wird die Manager- und Führungsrolle immer wichtiger, bis schließlich die Führungsfunktionen eine überragende Bedeutung für Eltern bzw. Großeltern haben.

Kapitel 9

Aus Kindern Champions fürs Leben machen

Sandra und ich haben neun Kinder, die wir auf ihre individuelle Weise als Champions sehen. Das soll nicht heißen, daß wir oder sie am Ziel angekommen wären; jeden Tag beten wir um mehr Weisheit, Kraft und Versöhnungsbereitschaft.

Jedes Kind hat andere Anforderungen an unsere Fähigkeiten als Eltern gestellt. Die folgenden zehn Richtlinien gelten nicht nur in der Erziehung, sondern auch dann, wenn Sie Freunde oder Mitarbeiter anleiten und führen wollen.

• *Erstens: Wir fördern ihre Selbstachtung.* Vom Tag ihrer Geburt an haben wir unseren Kindern sehr viel Bestätigung und positives Feedback gegeben. Wir glauben an ihre Fähigkeiten und vertrauen auf ihre Kraft, sie zu nutzen. Wir versuchen, sie weder untereinander noch mit anderen Menschen zu vergleichen.

Ich war immer überzeugt davon, daß die Einstellung zu sich selbst der Schlüssel dafür ist, wie man seine Talente nutzt und seine Persönlichkeit entfaltet. Dieses Selbstbild wiederum hängt weitgehend davon ab, wie man von anderen gesehen und behandelt wird – hauptsächlich von den Eltern.

Als unsere Kinder noch im Vorschulalter waren, haben wir ihr Selbstbewußtsein gefördert, indem wir viel Zeit mit ihnen verbrachten, ihnen zuhörten, mit ihnen spielten. Noch heute genieße ich es, unserem Jüngsten, Joshua, sehr viel Zeit zu widmen. Die Rückkehr von einer Reise, selbst wenn sie nur einen Tag gedauert hat, nehmen wir zum Anlaß, um anschließend gemeinsam ein kleines Spielzeug zu kaufen. Auf dem Heimweg drückt sich Joshua dann an mich und sagt: »Jetzt sind wir wieder zusammen, nur du und ich.« Dieser Moment ist für uns beide wunderschön. Am Abend fragt er dann: »Erzählst du mir heute eine Geschichte, Dad?« Ich antworte: »Aber natürlich.« Also kommt er zu mir, und ich erzähle ihm eine Geschichte.

• *Zweitens: Wir ermutigen sie zu primärer Größe.* Wir lehren unsere Kinder, daß es zwei Arten von Größe gibt: primäre Größe und sekundäre Größe. Erstere ist das Merkmal eines prinzipienorientierten Charakters, letztere meint die äußeren Faktoren, die gemeinhin dazu führen, daß ein Mensch anerkannt wird. Der Unterschied zwischen den beiden war immer ein wichtiges Thema in unserer Familie. Wir leiten unsere Kinder dazu an, zunächst primäre Größe anzustreben, statt Charakterschwächen durch Anleihen aus sekundären Quellen – Popularität, materielle Dinge, Talent – zu kompensieren.

• *Drittens: Wir fördern ihre Interessen.* Als Joshua den Film *Karate Kid* sah, wollte er Karatestunden nehmen. Ich meldete ihn an und wußte genau, daß er in zwei Wochen wieder etwas anderes interessant finden und Karate seinen Reiz verlieren würde. Aber ich möchte, daß er Dinge ausprobiert, die ihn interessieren. Deshalb bestärke ich ihn auch in der Wahl seiner Hobbys. Vor kurzem spielten wir zum Spaß Football, und er sagte stolz: »Sieh nur, wie gut ich im Football bin.« Er bezweifelt in keiner Weise, daß er in den unterschiedlichsten Bereichen Talente hat.

Wo unsere Kinder wirkliche Begabung zeigen, helfen wir ihnen, sie auszubilden. So waren mir Seans sportliche Fähigkeiten schon längst bekannt, noch bevor er an Wettkämpfen teilnahm. In der Grundschulzeit fielen mir seine sicheren Bewegungen, sein Gleichgewichtssinn und seine Schnelligkeit auf. Ich ermutigte ihn, indem ich vorschlug: »Warum nimmst du nicht an Wettkämpfen teil? Melde dich doch einfach mal an!« Er zögerte jedoch, weil er Angst hatte zu versagen. Lieber verzichtete er auf die Teilnahme, als das Risiko des Verlierens einzugehen. Eines Tages schließlich nahm er doch an einem Sportfest in der Schule teil und gewann in sämtlichen Disziplinen, für die er sich angemeldet hatte. Nachdem er bemerkt hatte, was er konnte, hatte er auch keine Angst mehr vor dem Verlieren.

- *Viertens: Wir versuchen, eine angenehme Familienkultur zu schaffen.* Wir möchten, daß unsere Kinder aus dem Familienleben mehr Freude und Zufriedenheit schöpfen als aus der Schule, ihrem Freundeskreis oder anderen äußeren Einflüssen. Grundsätzlich möchten wir nicht, daß es irgend etwas gibt, wogegen sie rebellieren müßten; statt dessen soll ihnen das Familienleben Spaß machen, es soll sie bestätigen, ihnen Chancen eröffnen und das Gefühl vermitteln, daß es nichts gibt, womit sie nicht fertig werden würden. Deshalb gilt bei uns der Satz: »Wenn ihr richtig plant und euch genug anstrengt, könnt ihr alles erreichen, was ihr anstrebt.«

Wir versuchen, mindestens einmal im Monat mit jedem Kind etwas Besonderes zu unternehmen. Natürlich finden auch zwischendurch viele Gespräche unter vier Augen statt. Geburtstage sind immer ein besonderer Spaß. Wir nennen sie »Geburtswochen« und widmen dem jeweiligen Kind die gesamte Woche. Abschiede und Wiedersehen werden ebenfalls ganz besonders gefeiert. Hinter all dem steht die Absicht, unseren Kindern ein positives Selbstbild und gegenseitigen Respekt zu vermitteln.

- *Fünftens: Wir planen.* Wir planen wichtige Ereignisse in der Familie mindestens sechs Monate im voraus. Unser Sohn Stephen und seine Frau Jeri sagen, es habe eigentlich jeweils nur einen schwerwiegenden Grund gegeben, der gegen ihre Umzüge nach Dallas – wo Stephen für IBM arbeitete – und nach Boston – wo er die Harvard Business School besuchte – sprach: Der Ortswechsel bedeutete den Verzicht auf so viele fröhliche Familientreffen.

Vielen Eltern gelingt es nicht, ihre Kinder zu Champions fürs Leben zu machen, weil im Familienleben keine gemeinsamen Unternehmungen stattfinden, die wirklich Spaß machen – Ereignisse, die zur Tradition werden. Oft wiegt die Vorfreude alleine schon jede Mühe auf. Finanzielle Gründe werden häufig nur vorgetäuscht, um sich beispielsweise um eine Feier zu drücken. Spaß ist keine Frage des Geldes. Der wichtigste Aspekt ist immer der, daß die ganze Familie gemeinsam etwas Schönes erlebt, daß die Kinder an der Vorbereitung beteiligt werden, daß jeder einzelne sich als Teil des Ganzen fühlt und später gerne auf den Festtag zurückblickt.

Natürlich sind enge verwandtschaftliche Beziehungen eine wichtige Voraussetzung für solche Unternehmungen. Unsere Kinder pflegen intensiven Kontakt zu Cousins und Cousinen und machen sich Gedanken um ihr Wohlergehen und ihren Lebensweg. Häufig sind vier Generationen bei uns versammelt, die einander lebhaftes Interesse entgegenbringen. Niemand will diese Treffen missen, nicht einmal die Teenager. Ein solches Familienleben vermittelt den Kindern ein Zusammengehörigkeitsgefühl, es baut ihre Selbstachtung auf, bietet ihnen ein Netzwerk der gegenseitigen Hilfe und schult ihre Fähigkeit, sich einzuordnen.

- *Sechstens: Wir versuchen, unsere Kinder zu guten Leistungen anzuspornen.* Jeder Mensch möchte so zufrieden wie möglich mit dem sein, was er tut. Hervorragende Leistungen anzustreben ist deshalb in unserer Familie ein ungeschriebenes Gesetz. Wir mußten unsere Kinder nie zu den Hausaufgaben drängen, weil sie wußten, wie wichtig das Lernen ist. Dieser Aspekt der Familienkultur deckt sich mit den schulischen Anforderungen. Auf ausdrückliche Bitten hin helfen wir unseren Kindern zwar bei den Hausaufgaben, doch gleichzeitig versuchen wir auch, ihre Selbständigkeit zu fördern.

Einmal bat ich die ganze Familie zu einem Gespräch, weil ich mir Gedanken über unseren Fernsehkonsum machte. Ich war nach eingehender Lektüre der Bücher mit einschlägigen Forschungsergebnissen zu der Überzeugung gelangt, daß wir Amerikaner im allgemeinen und meine Familie im besonderen zu viel Zeit vor dem Fernseher verbrachten und daß deshalb unsere geistigen Fähigkeiten verkümmerten. Allerdings wußte ich genau, was passieren würde, wenn ich meiner Familie nun willkürliche Einschränkungen aufoktroyierte: Geschrei und Wehklagen, wenn nicht gar entschlossener Rückzug.

Statt dessen kamen wir in Form eines Familienrats zusammen und diskutierten über einige der Informationen, die mir zu denken gegeben hatten: Was bewirkt der Fernsehkonsum in der Familie? Welche Werte werden eigentlich in der Mehrzahl der Shows vermittelt? Ich gab zu bedenken, daß für manche Menschen das Fernsehen eine Droge aus der Steckdose ist, die einen subtilen, aber nachhaltigen Einfluß haben kann.

Unsere Diskussion endete schließlich mit dem Vorsatz aller Familienmitglieder, nicht mehr als eine Stunde täglich fernzusehen und dabei nur gute Unterhaltungs- und Bildungsprogramme auszuwählen. Im großen und ganzen haben wir dieses Ziel erreicht und phantastische Veränderungen festgestellt: Die Hausaufgaben wurden sorgfältiger als bisher gemacht; wir setzen uns nicht mehr unkritisch so vielen visuellen Reizen aus, sondern räumen dem Lesen, Denken, Analysieren und Schöpfen höhere Priorität ein.

- *Siebtens: Wir leiten sie zu Visualisierungsübungen an, damit sie ihr Potential verwirklichen können.* Mentales Training basiert auf dem Grundsatz, daß alle Dinge zweimal geschaffen werden: zuerst geistig und dann physisch. Sportler sind fast ausschließlich auf ihren Körper fixiert. Ihre Betreuer reden zwar viel über Nervenstärke und Konzentration, aber nur wenige führen ein schlüssiges Programm für die geistige Generalprobe eines Wettkampfs, die Visualisierung, durch. Trotzdem nutzen beinahe alle Weltklassesportler diese Möglichkeit: Schon lange vor dem Sieg spielen sie den Wettkampf im Geiste durch und erleben ihn in allen Einzelheiten.

- *Achtens: Wir akzeptieren ihre Freunde.* Viele von Seans Freunden aus der Football-Mannschaft waren häufig zu Gast bei uns. Wir sahen uns zum Beispiel gemeinsam das letzte Spiel an, das wir auf Video aufgenommen hatten. Dies hat dazu beigetragen, eine Art von Familien- und Teamkultur zu schaffen.

Champions finden sich häufig in Teams zusammen. Deshalb investieren wir so viel Zeit für die Gruppen, Vereine und Kurse, in denen unsere Kinder aktiv sind. Es gibt kein besseres »Lebenstraining« für ein Kind als die Einbindung in eine Umgebung, in der alle Bereiche – Familie, Freunde, Schule und Verein – die gleiche Ausrichtung haben.

- *Neuntens: Wir lehren sie, anderen zu vertrauen, sie zu bestätigen und ihnen zu dienen.* Sean hat gelernt, daß Einfühlungsvermögen eine wichtige Voraussetzung dafür ist, Einfluß auszuüben. Niemand bewirkt etwas, wenn er die Gefühle und Wahrnehmungen anderer Menschen nicht aufnimmt und nicht auf sie eingeht. Wenn Sie Champions aufbauen wollen, müssen Sie wirkliches Interesse für andere aufbringen, vor allem für Außenseiter. Ein Sonderling kann der Schlüssel für neunundneunzig andere Menschen sein.

- *Zehntens: Wir geben ihnen Unterstützung, Ressourcen und Feedback.* Wir stehen durch Briefe und Telefonanrufe in ständigem Kontakt mit allen unseren Kindern, damit wir uns gegenseitig unterstützen. Solche konstanten Bestätigungen potenzieren sich in ihrer Wirkung und bieten einen verläßlichen emotionalen Halt.

In unserer Familie wird außerdem großer Wert auf ehrliches Feedback gelegt, da auch dies ein wesentlicher Faktor für die persönliche Weiterentwicklung ist.

Teil 2

Führungs- und Organisationsentwicklung

Einleitung

Schon im Alter von zwanzig Jahren wurde mir Führungsverantwortung übertragen. Ich sollte Männer und Frauen, die mehr als doppelt so alt wie ich waren, in den Prinzipien des effektiven Managements unterweisen und ihnen Führungseigenschaften antrainieren. Es war eine Erfahrung, die mir meine Grenzen deutlich machte.

So wie ich damals finden sich viele Menschen eines Tages in einer »Führungsposition« wieder. Oft kommt die Verantwortung zu früh, weil wir nicht genügend darauf vorbereitet wurden. Wir lernen aber durch unsere Fehler und erlangen mit der Zeit ein gewisses Maß an Kompetenz und Selbstvertrauen.

Im nun folgenden Teil des Buches konzentriere ich mich auf Fragenkomplexe, mit denen alle Menschen, die führen, auf die eine oder andere Weise konfrontiert werden. Es geht um Kontrolle, Delegation, Partizipation, Erwartungen und Leistungsvereinbarungen. Ich spreche auch Fragen an, die ganz speziell mit der Führung im Unternehmen zu tun haben. Wer plötzlich ein Unternehmen leiten soll, stößt auf eine Reihe ganz neuer Probleme. Manche von ihnen sind chronisch, andere akut. Einige gibt es bei den Fortune 500, den größten US-Unternehmen, ebenso wie in Familien, Kleinunternehmen oder gemeinnützigen Einrichtungen. Folglich sind bestimmte Voraussetzungen für eine effektive Führung allgemeingültig.

Auch wenn ich es im Rahmen meiner Arbeit meist mit unternehmensspezifischen Themen zu tun habe – Strukturen, Strategien, Systemen –, betone ich immer die starke individuelle Komponente in der prinzipienorientierten Führung. Kein Manager kann es sich leisten zu vergessen, daß persönliche und unternehmerische Integrität eng miteinander verknüpft sind. Ebensowenig darf er die Philosophie und Vision des Unternehmens aus den Augen verlieren, das, was ich als Unternehmensverfassung bezeichne.

Wege aus dem Führungsdilemma

Mit der prinzipienorientierten Führung haben Sie ein Instrument an der Hand, mit dessen Hilfe die klassischen Konflikte gelöst werden können, die auf der Führungs- und Organisationsebene auftreten:

- Wie schaffen wir eine Kultur, die sich durch Wandel, Flexibilität und kontinuierliche Verbesserung auszeichnet und gleichzeitig für Stabilität und Sicherheit steht?
- Wie gewinnen wir die Mitarbeiter dauerhaft für die Unternehmensstrategie?
- Wie setzen wir die Kreativität, Ressourcen, Begabungen und Energien der vielen Mitarbeiter frei, die bisher noch gar nicht zeigen konnten, was in ihnen steckt?
- Wie erkennen wir, daß die folgende Frage auf einer falschen Dichotomie beruht: Bin ich knallhart und erwirtschafte satte Gewinne, oder ist es wichtiger, »nett« zu sein?
- Wie gehen wir mit Feedback und Kurskorrekturen vor dem Hintergrund der Vision um?
- Wie formulieren wir die Unternehmensphilosophie so, daß sie nicht nur leere Phrasen enthält, sondern wie eine Verfassung die oberste Leitlinie für das Handeln vorgibt?
- Wie schaffen wir eine Kultur, in der Mitarbeiter ebenso respektvoll wie Kunden behandelt werden?
- Wie entwickeln wir Teamgeist und Harmonie, wo bisher eine Hackordnung herrschte und ganze Abteilungen gegeneinander intrigierten?

Im folgenden Kapitel erfahren Sie, wie die Grundprinzipien einer effektiven Führung in der Praxis angewandt werden. Sie werden in die

Lage versetzt, diese und andere schwierige Führungsfragen selbst zu lösen.

Zwei wichtige Gebote

Prinzipienorientierte Führung wird von innen heraus auf persönlicher, zwischenmenschlicher, Führungs- und Organisationsebene praktiziert. Jede Ebene ist notwendig, aber für sich allein nicht ausreichend. Deshalb möchte ich hier auf zwei wichtige Gebote hinweisen, die im Management und in der Führungsarbeit gelten:

• *Führungsstärke auf der Managementebene.* Wie wollen Sie Menschen führen, wenn Sie kein Vertrauen genießen? Oder wenn es Ihren Mitarbeitern – Ihrer Meinung nach – an Charakter oder Kompetenz fehlt? Es bleibt Ihnen nur das Mittel der Kontrolle. Und wie sollte die Führungsarbeit dort aussehen, wo Vertrauen herrscht? Das wichtigste Merkmal eines solchen Managements ist wohl die fehlende Kontrolle. Sie überwachen Ihre Mitarbeiter nicht mehr, weil diese selbständig handeln können und nur noch im Bedarfsfall auf Ihre Hilfe zurückgreifen. Damit jeder Mitarbeiter weiß, was Sie von ihm erwarten, treffen Sie Leistungsvereinbarungen, die im Interesse beider Seiten liegen. Dabei werden die Mitarbeiter an ihrer eigenen Leistungsbeurteilung maßgeblich beteiligt. Dazu sind sie in der Lage, weil quantifizierbare Ergebnisse nicht mehr der alleinige Maßstab ihrer Leistung sind. Dagegen sind in Unternehmen mit wenig Vertrauen die meßbaren Erfolge das einzig mögliche Mittel der Beurteilung, weil die Mitarbeiter aufgrund der Unternehmenskultur dazu tendieren, ihrem Chef nach dem Mund zu reden.

• *Ausrichtung auf die Organisationsebene.* Wie würde Ihr Unternehmen in einer Kultur aussehen, in der wenig Vertrauen herrscht und ein autoritärer Führungsstil praktiziert wird? Sehr hierarchisch. Was für einen Spielraum haben Sie? Einen sehr kleinen, weil Sie nur eine begrenzte Anzahl von Menschen gleichzeitig kontrollieren können. Sie nehmen also Zuflucht zur »Laufburschen«-Delegation. Sie schreiben Methoden vor und sorgen dafür, daß sie angewandt

werden. Sämtliche Informationen laufen bei Ihnen zusammen, so
daß nur Sie entscheidende Korrekturen vornehmen können. Sie motivieren also mit Zuckerbrot und Peitsche. Mit solch simplen Systemen überleben Sie vielleicht so lange, wie die Konkurrenz noch
schwach ist, aber für harte Wettbewerber sind Sie eine leichte Beute.

Welche Strukturen hat nun Ihr Unternehmen, wenn Sie das Vertrauen der Mitarbeiter genießen? Sehr flache und extrem flexible. Ihr
Spielraum ist sehr groß, weil die Mitarbeiter sich selbst überwachen.
Sie erledigen ihre Arbeit, ohne daß man sie dauernd ermahnen
müßte. Sie sind engagiert und selbständig. Warum? Weil die Kultur
auf einer gemeinsamen Vision beruht, weil das Unternehmen nach
Prinzipien geführt wird und weil Sie kontinuierlich daran arbeiten,
Strategie, Stil, Struktur und Systeme auf die Verfassung des Unternehmens und auf sein Umfeld auszurichten.

Ihre Aufgabe lautet also: Wenn bestimmte Gegebenheiten im Unternehmen nicht auf die Grundprinzipien der effektiven Führung
ausgerichtet sind, kann die Lösung nur heißen, das Problem von innen heraus, auf allen vier Ebenen und auf der Grundlage der zwei beschriebenen Gebote zu bearbeiten.

Kapitel 10

Aus dem Vollen schöpfen

Führungskräfte mit einem Talent zur Krisenbewältigung können gelassen bleiben, weil sie sich mehr auf Märkte und Produkte konzentrieren als darauf, die eigenen Schäfchen ins Trockene zu bringen.

Zwei Farmer aus Idaho brachten es im Geschäftsleben sehr weit, weil sie aus einer Mentalität des Teilens heraus handelten. J.R. Simplot und Nephi Grigg bauten erfolgreiche Unternehmen für Tiefkühlkost auf, die J.R. Simplot Company und Ore-Ida Foods. Das Geheimnis ihres Erfolgs war die Erkenntnis, daß es besser ist, sich selbst einen Markt zu schaffen als den Konkurrenten Marktanteile abzujagen.

Simplot, der wichtigste Kartoffellieferant für McDonald's, und Grigg, der Gründer der Firma Ore-Ida, die später an das Heinz-Unternehmen veräußert wurde, stellten fest, daß man auch reich werden kann, ohne anderen etwas wegzunehmen. Sie schufen sich eigene Märkte für ihre Produkte, ähnlich wie Ray Kroc und J. Willard Marriott, die schon zu Lebzeiten eine Legende geworden waren.

Sie handelten aus einer *Mentalität des Teilens* heraus, aus dem unerschütterlichen Glauben, daß es für jeden Menschen, der einen Traum verfolgt, genügend Möglichkeiten gibt, ihn zu verwirklichen. Sie waren überzeugt davon, daß ihr Erfolg nicht notwendigerweise Mißerfolg und Einbußen für andere Unternehmen bedeutete.

In den vergangenen fünfundzwanzig Jahren meiner Arbeit habe ich immer wieder bestätigt gefunden, daß die Mentalität des Teilens den Unterschied zwischen dem Herausragenden und dem Mittelmäßigen ausmacht. Der Grund dafür ist der, daß sie für Kleinlichkeit und Feindbilddenken keinen Platz mehr bietet.

In Unternehmen und in unserer ganzen Gesellschaft sind viele negative Energien am Werk. Oft begeben wir uns zur Konfliktlösung sofort auf den Rechtsweg. Viele Menschen sind unaufhörlich bestrebt, sich ihr Stück vom Kuchen zu sichern und ihr Terrain abzustecken. Derartige selbstbezogene Aktivitäten entspringen dem Glauben, daß Ressourcen begrenzt sind. Ich nenne dies die *Mentalität des Mangels.*

Die normale Verteilungskurve, die für Akademiker ebenso wie für Wirtschaftsleute zutrifft, begünstigt die Mentalität des Mangels, weil sie eine »Nullsummen«-Situation vorgaukelt. Sollte es tatsächlich einmal vorkommen, daß jemand dieses Denken noch nicht während der Schulzeit in sein Drehbuch aufgenommen hat, stehen die Aussichten trotzdem gut, daß er die entsprechenden Erfahrungen noch im Sport oder in der Gesellschaft macht.

Wer an die Begrenztheit aller Ressourcen glaubt, sieht das Leben nur in den Kategorien des Gewinnens und Verlierens. Solche Menschen glauben: »Der Kuchen ist irgendwann aufgegessen; und wenn jemand zwei Stücke bekommt, dann habe ich gar keins.« Es fällt ihnen schwer, sich aufrichtig über Erfolge anderer zu freuen, vor allem, wenn es sich um Angehörige des eigenen Unternehmens, um Familienmitglieder oder Nachbarn handelt. Sie können sich des Gefühls nie ganz erwehren, daß ihnen dadurch etwas weggenommen wird.

Wenn auch Sie das Leben als »Nullsummen«-Spiel sehen, neigen Sie dazu, Feindbilder zu pflegen, weil der Gewinn eines anderen ja immer nur den eigenen Verlust bedeuten kann. Wenn Sie als Kind nur geliebt wurden, wenn Sie bestimmte Bedingungen erfüllten und fortwährend verglichen wurden, dann schlägt sich das in Ihrem Drehbuch nieder: in den Dichotomien »haben oder nicht haben«, »Ich bin okay, du bist nicht okay« oder »Ich bin nicht okay, du bist okay.«

In meinem Leben gab es immer wieder Zeiten, in denen die Mentalität des Mangels die Oberhand gewann, und jedesmal mußte ich feststellen, daß sie in die Sackgasse führt. Wenn ich dagegen fest davon überzeugt war, daß kein Mensch im Leben zu kurz kommt, dann war ich vertrauensvoll und offen, ich habe gegeben, konnte leben und leben lassen, und ich habe Unterschiede respektiert. Ich definiere Einheit nicht als Gleichheit, sondern als sich ergänzende Einigkeit, in der die Schwäche des einen durch die Stärke des anderen ausgeglichen wird.

Menschen mit der Mentalität des Teilens wenden in Verhandlungen das Gewinn-Gewinn-Prinzip und den Grundsatz »Zuerst verstehen, dann verstanden werden« an. Ihre psychische Befriedigung beziehen sie nicht daraus, daß sie andere überflügeln. Sie sind nicht besitzergreifend, und sie beziehen ihre Sicherheit nicht aus der Meinung anderer.

Die Mentalität des Teilens beruht auf *innerer Sicherheit*, nicht auf gesellschaftlichem Status, materiellem Besitz oder anderen Äußerlichkeiten. Sicherheit von außen macht abhängig, weil sie von innen heraus nicht beeinflußbar ist: Daher kann die Beförderung eines Kollegen eine unmittelbare Bedrohung der eigenen Identität darstellen. Der Betreffende spricht zwar seine Glückwünsche aus, aber innerlich ist er zerrissen. Er hat das Gefühl, ihm werde etwas weggenommen, weil seine Sicherheit einzig und allein darauf beruht, anderen etwas voraus zu haben. Wer dagegen in wirklicher Sicherheit lebt, hat nur die natürlichen Gesetze und Prinzipien zum Maßstab.

Je prinzipienorientierter wir werden, desto mehr bilden wir auch die Mentalität des Teilens aus, desto bereitwilliger teilen wir Macht, Erfolg und Anerkennung und desto aufrichtiger freuen wir uns über die Leistungen und das Glück anderer Menschen. Wir sind überzeugt, daß ihr Erfolg unser Leben bereichert.

Kapitel 11
Sieben chronische Probleme

Kein Tag vergeht, an dem uns die Werbeindustrie nicht ein neues Mittel anpreist, das schnell, einfach und angenehm wirken soll. Über die schönen Versprechungen hinweg vergessen wir oft, daß die meisten »Wundermittel« nur akute Symptome, nicht aber die chronischen Probleme angehen.

Was ist unter einem akuten Symptom zu verstehen? Wie bei einer Krankheit verursacht es unmittelbaren Schmerz. Chronische Probleme dagegen machen sich weniger heftig bemerkbar.

Die meisten Menschen sind von ihren akuten Problemen völlig in Anspruch genommen, weil sie den bohrenden Schmerz, den sie verursachen, möglichst sofort loswerden wollen. Zerbrochene Beziehungen sollen im Schnellverfahren gekittet werden. Im Laufe der Zeit stellen sie jedoch fest, daß das zugrundeliegende chronische Problem um so schlimmer wird, je mehr Patentlösungen und Selbsthilfetechniken sie ausprobieren, obwohl sie doch bei Freunden so gut zu funktionieren schienen.

Chronische Probleme in Unternehmen

Unternehmen bestehen aus Menschen. Auch wenn wir versuchen, uns im Berufsleben zu mehr Disziplin anzuhalten, geben wir unsere Persönlichkeit mit all ihren Stärken und Schwächen nicht beim Pförtner ab. Statt dessen setzen wir die Suche nach einer schnellen Beseitigung der akuten, schmerzhaften Symptome unserer persönlichen Probleme auch im Unternehmen fort, statt uns endlich mit den Wurzeln der schädlichen Verhaltensmuster zu befassen, die sich auch in den beruflichen Alltag eingeschlichen haben.

Chronische Probleme einzelner werden irgendwann zu denen des Unternehmens, wenn sie von den Menschen tagtäglich eingeschleust werden. Dies ist um so bedenklicher, als Patentlösungen für tiefsitzende und schwierige Probleme derzeit sehr gefragt sind.

Die nun folgenden sieben Probleme, die ich beschreiben werde, treffen zwar insbesondere auf die Vereinigten Staaten zu, doch meinen Erfahrungen im Ausland zufolge sind sie in gewisser Hinsicht international. Sie treten auch in den Unternehmen vieler anderer Länder auf und erfassen ihre Beschäftigten.

Problem 1:

Es gibt keine gemeinsame Vision und keine gemeinsamen Werte; entweder hat das Unternehmen es versäumt, eine Aussage über seine Philosophie zu machen, oder sie wurde den Mitarbeitern nicht nahegebracht.

Die meisten Führungskräfte wissen nicht, wie wertvoll eine Aussage über die Unternehmensphilosophie ist, in der anerkannte Wertmaßstäbe und die Vision umrissen werden. Die Ausarbeitung einer solchen Aussage erfordert Geduld und langfristiges Denken. Außerdem sollten die Mitarbeiter auf sinnvolle Weise daran beteiligt werden. Nur wenige Unternehmen können sich der Erfüllung all dieser Anforderungen rühmen. Die Unternehmensphilosophie wurde zwar irgendwann einmal formuliert, aber leider scheren sich nur wenige Mitarbeiter darum, weil sie an ihrer Entwicklung nicht beteiligt wurden. Sie ist nicht in ihre Kultur eingegangen. Kultur geht per definitionem von gemeinsamen Werten aus, denen sich sämtliche Mitglieder auf allen Ebenen verschrieben haben.

Meiner Erfahrung nach leidet ein Unternehmen ohne eine Verfassung, die als oberste Richtschnur des Handelns akzeptiert wird, mit hoher Wahrscheinlichkeit auch an den anderen sechs chronischen Problemen.

Die Unternehmensphilosophie sollte nach Möglichkeit alle vier menschlichen Grundbedürfnisse ansprechen: wirtschaftliche oder finanzielle Bedürfnisse; soziale oder zwischenmenschliche Bedürfnisse; psychologische oder entwicklungsbezogene Bedürfnisse; und das Bedürfnis, einen Beitrag zum Gemeinwohl zu leisten. Die meisten Unternehmen, die ich kenne, decken diese Bereiche mit ihrer Philosophie nicht ab. Da werden die psychologischen Bedürfnisse oder das menschliche Streben nach Weiterentwicklung einfach nicht erwähnt. Oder der Sinn von Gewinn-Gewinn-Beziehungen, die Notwendigkeit einer gerechten Bezahlung und die Wichtigkeit gemeinsamer Prinzipien und Werte werden mit keinem einzigen Wort gewürdigt.

Das erste chronische Problem türmt sich wie ein unsichtbarer Berg auf. Wenn nämlich ein Unternehmen seine Philosophie einmal festgeschrieben hat, und sei es noch so stümperhaft, glauben die Verantwortlichen, sich ihrer Aufgabe entledigt zu haben, und sie wenden sich wieder anderen Dingen zu. Es entgeht ihnen völlig, daß ihre Aussagen auf wenig Zustimmung und schon gar nicht auf Engagement stoßen. Das Fehlen einer gemeinsamen Vision ist jedoch der Nährboden für alle anderen Probleme.

Problem 2:

Fehlendes strategisches Denken: Die Strategie weist Mängel auf; sie vermittelt die Unternehmensphilosophie nicht hinreichend; und/ oder sie geht an der Realität des Unternehmensumfelds vorbei.

In den vergangenen Jahren hat sich das strategische Denken vom »Landkarten-Modell« hin zum »Kompaß-Modell« entwickelt. Dies geschah, weil die Entwicklungen in der modernen Welt so wenig vorhersagbar geworden sind, daß feste Anleitungen – Landkarten – keine große Hilfe mehr bieten. Statt dessen brauchen die Menschen eine Orientierungshilfe – einen Kompaß. Er weist den Weg zur Unternehmensverfassung, also zum Unternehmensleitbild mit den zugrundeliegenden Prinzipien und Werten. Nur so kann eine flexible Anpassung an sich verändernde Verhältnisse gewährleistet werden.

Das herkömmliche strategische Planungsmodell umfaßt *Ziele* –

wohin gehen wir –, *Wege* – wie kommen wir hin – und *Mittel* – mit welchen Ressourcen gelangen wir zum Ziel. Im Gegensatz dazu hält man sich nach dem neuen Modell an einen Kompaß und an bestimmte Prinzipien und Werte und läßt die Mitarbeiter dann selbst über den besten Weg zum Ziel entscheiden. Leider glauben viele Unternehmen, schon dann über eine strategische Planung zu verfügen, wenn sie Trends analysieren und daraus Prognosen erstellen. Die Leiter solcher Unternehmen fragen nicht: »Wo wollen wir in fünf Jahren sein?« oder »Welche Art von Unternehmen möchten wir haben?«. Sondern sie beschränken sich darauf, auf ihr Umfeld zu reagieren. Ein darauf beruhender strategischer Plan mag zwar die Anforderungen des Umfelds wiedergeben, nicht aber die Vision. Andere Unternehmen verfallen ins andere Extrem und konzentrieren sich so sehr auf Visionen und Philosophien, daß ihre Strategie das reale Umfeld gar nicht mehr berücksichtigt.

Eine gute strategische Planung dagegen reflektiert Vision und Umfeld gleichermaßen. Sie leitet sich direkt aus der Unternehmensphilosophie und den aktuellen Gegebenheiten ab, so daß die angebotenen Produkte und Dienstleistungen nicht veralten. Ein solches Gleichgewicht zu schaffen und aufrechtzuerhalten bedeutet harte Arbeit. Es erfordert sehr viel Urteilsvermögen, Weisheit und ein feines Gespür für Veränderungen. Engagement und Gewissen des einzelnen müssen auf ein gemeinsames Wertesystem ausgerichtet sein. Wenn dem Unternehmen ein solches tief verwurzeltes Wertesystem fehlt, wird es nicht in sich selbst ruhen, sondern die notwendige Sicherheit außerhalb seiner selbst suchen. Damit aber macht es sich abhängig von allen Unwägbarkeiten, die sein Umfeld bereithält.

Problem 3:

Mangelhafte Ausrichtung: Die Unternehmensstrukturen wurden nicht auf die gemeinsamen Werte und die Systeme nicht auf die Vision ausgerichtet; Struktur und Systeme des Unternehmens sind nicht auf die Strategie abgestimmt.

Das Problem der Ausrichtung auf die geltenden Grundprinzipien ist allgegenwärtig. Fragen Sie sich selbst: »Stellt unsere Unternehmensphilosophie wirklich eine Verfassung dar; ist sie tatsächlich die höchste Richtschnur des Handelns? Verschreibt sich ihr tatsächlich jeder Mitarbeiter? Sind die Projekte und Systeme und auch unsere Unternehmensstruktur auf die Verfassung abgestimmt?« Wenn Ihre Antwort »Nein« lautet – und das wird sie vermutlich –, haben Sie Probleme mit der Ausrichtung.

Ohne ein allgemein anerkanntes Wertesystem ist keine innere Sicherheit möglich. Statt dessen wird sie in starren Strukturen und Systemen gesucht, weil diese beherrschbar und überschaubar sind. Wenn Sie als Leiter eines Unternehmens starre Strukturen fördern, sind Sie zwar vor manchen Überraschungen sicher, aber Sie bezahlen sie mit dem Preis der Unflexibilität, wenn sich die Umstände ändern. Dies kann schnell den wirtschaftlichen Untergang bedeuten, wie viele Firmen und sogar ganze Branchen in den Vereinigten Staaten bestätigen können.

Viele amerikanische Unternehmen werden mit einer Kontrollspanne von eins zu sechs, eins zu sieben, vielleicht sogar eins zu zehn geführt. Plötzlich erhalten Sie Konkurrenz durch ein Unternehmen, das mit einer Kontrollspanne von eins zu fünfzig oder mehr auf dem Markt erscheint und damit mit einer völlig anderen Kostenstruktur. Sie erkennen bald, daß sie dem Wettbewerb ohne eine grundlegende Reorganisation nicht mehr lange gewachsen sind. Nichtsdestoweniger halten manche Firmen an ihrer alten Struktur fest, weil »das hier schon immer so gemacht wurde«. Andere Unternehmen bauen Personal ab, weil sie sich durch die Umstände dazu gezwungen fühlen, was natürlich Ratlosigkeit und Angst hervorruft. Die Menschen suchen zwar eine neue Struktur, aber gleichzeitig sind sie noch von der alten abhängig.

Viele Führungskräfte behaupten von sich, nach marktwirtschaftlichen Grundsätzen zu handeln, aber eigentlich fördern sie feudalistische Prinzipien. Sie reden von Demokratie und leben die Autokratie. Sie preisen Offenheit und *Glasnost*, aber im Alltag herrschen Vetternwirtschaft und Heimlichtuerei.

Deutlich sichtbare, akute Symptome dieses chronischen Problems sind zwischenmenschliche Konflikte und Rivalitäten zwischen Abteilungen. Natürlich greift man auch hier zu schnell wirksamen

»Schmerzmitteln« – Kommunikationstrainings sind in solchen Fällen sehr beliebt –, aber der Nutzen wird sich in Grenzen halten, weil die wichtigste Voraussetzung fehlt: Vertrauen. Die nächste kosmetische Lösung könnte darin bestehen, das Entlohnungssystem neu zu strukturieren, um vorübergehend die Motivation zu steigern. Aber auch das nützt nichts mehr, weil das Management niemandem zuverlässig Auskunft darüber geben kann, was morgen geschieht. Ein neues Entlohnungssystem, das die Produktivität des einzelnen zum Maßstab nimmt, zwingt die Mitarbeiter zur Rivalität, während im Widerspruch dazu die geltenden Werte eigentlich Teamarbeit und Kooperation heißen.

Problem 4:

Falscher Stil: Die Management-Philosophie stimmt entweder nicht mit der gemeinsamen Vision und den Werten überein; oder der Stil spiegelt die Vision und die Werte der Unternehmensphilosophie nicht deutlich genug.

In gewisser Hinsicht ist dieses chronische Problem von noch größerer Bedeutung als die vorangegangenen, weil der Stil meist schon im Elternhaus, in der Schule oder im Berufsleben geprägt wurde. Kindheitserfahrungen prägen unseren Stil außerordentlich stark, weil unser emotionales und psychologisches Bedürfnis, angenommen zu werden, uns abhängig macht. Ob es uns paßt oder nicht, ein autoritärer, vielleicht sogar gewalttätiger Vater kann der einzige Halt sein, den ein Kind hat. Also übernimmt es auch seinen Stil.

Ein Stil, der sich von unserem unterscheidet – ein rauher, beleidigender oder angriffslustiger –, kann Befremden hervorrufen. Mein achtjähriger Sohn Joshua war schockiert, als er in den Nachrichten hörte, daß ein Junge in seinem Alter von seinen Eltern ausgesetzt worden sei. Er konnte es nicht begreifen und fragte immer wieder: »Wie kann so etwas nur passieren?« Er hatte nicht einmal gewußt, daß es so etwas überhaupt gab.

Wenn Menschen mit einer neuen Umgebung und einem neuen Wertesystem konfrontiert werden, das ihrem individuellen Stil nicht entspricht, ob er nun autoritär, permissiv oder demokratisch ist, beginnt ein Anpassungsprozeß. Sie müssen tief in das neue Wertesystem eintauchen und sich neu »programmieren« lassen, bis sie die neue Verfassung akzeptiert haben.

Der Stil der Mitarbeiter wird sehr stark vom Stil ihrer Vorgesetzten beeinflußt, wobei die meisten Menschen mehr Wert auf Management denn auf wirkliche Führerschaft legen. Konsequenterweise denken sie in den Kategorien der Effizienz. Sie haben die Dinge und nicht die Menschen im Kopf. Sie richten sich nicht nach Prinzipien, weil sie das nie gelernt haben.

In Anbetracht unserer pluralistischen und von hoher Mobilität geprägten Gesellschaft ist es oft eine echte Herausforderung, den eigenen Stil in Übereinstimmung mit der Vision und den Werten des Unternehmens zu bringen. Meist muß er auf eine bestimmte Weise angepaßt werden. Auch hier werden die Vorzüge der prinzipienorientierten Führung wieder offenbar. Sie ermöglicht Ihnen im Rahmen der Prinzipien ein sehr hohes Maß an Flexibilität und Beweglichkeit.

Manche fragen sich nun vielleicht, ob die oberen Führungskräfte, die alten Hasen, überhaupt noch in der Lage sind, einen neuen Stil oder eine neue Technik zu lernen. Manche mögen einwenden, daß der Stil eines Menschen, ob Sänger, Schauspieler oder Manager, so untrennbar mit ihm verschmilzt, daß er schon mit zehn, zwanzig oder dreißig Jahren unauslöschbar ist. Ich glaube, daß es sehr schwierig, aber nicht unmöglich ist, den eigenen Stil anzupassen. Unser Führungsstil kann zwar situationsbezogen sein, aber um Veränderungen durchzusetzen, benötigen wir neue Vorbilder und Denkmodelle.

Derzeit wird oft diskutiert, ob Führungspersönlichkeiten gemacht oder geboren werden. Meiner Meinung nach werden die meisten von ihnen »neu geboren«, und zwar durch Lernen. Sie lernen die richtigen Prinzipien und wenden sie an. Deshalb sind große Führungspersönlichkeiten immer auch Lehrer, die eine neue Generation hervorbringen und große Umbrüche bewirken. Aber der persönliche Preis dafür ist enorm, denn der Weg ist steinig und fordert viele Opfer.

Solange die Mitarbeiter sich einheitlichen Prinzipien verschreiben, kann ein Unternehmen durchaus viele unterschiedliche Stile tolerieren. Trotzdem ist es klug, eine Umgebung zu suchen, die dem eigenen Stil entgegenkommt. In manche Unternehmen paßt Ihr Stil eben besser als in andere. Die richtige Entscheidung zu treffen, erfordert wirkliche Weisheit, denn Sie wissen, wie schwer es ist, sich zu verändern.

Problem 5:

Mangelnde Kompetenz: Der Stil entspricht nicht den Fähigkeiten; oder den Managern fehlen die erforderlichen Fähigkeiten, um eine Vision wirkungsvoll zu vermitteln.

Manchmal sind Mitarbeiter durchaus bereit, einen anderen Stil anzunehmen, aber es fehlt ihnen an den notwendigen Fertigkeiten. Sie wissen beispielsweise nicht, wie sie delegieren sollen; wie sie ihr Einfühlungsvermögen einsetzen können, um den Standpunkt eines Verhandlungspartners herauszufinden; wie sie Synergien nutzen, um eine dritte Lösung zu finden; oder sie sind nicht in der Lage, Leistungsvereinbarungen nach dem Gewinn-Gewinn-Prinzip zu treffen. Der Mangel an Wissen und Fertigkeiten stellt jedoch kein wirklich chronisches Problem dar, weil er durch Maßnahmen im Weiterbildungsbereich gelöst werden kann.

Wer noch nie auf Skiern stand, entwickelt innerhalb von kurzer Zeit einen bestimmten Stil und ein gewisses Können. Er verfügt aber noch nicht über die Fähigkeit, eine Piste unter sämtlichen möglichen Bedingungen zu meistern. Stil und Können sind für Pulverschnee, eine mittelschwere Abfahrt und trockenes Wetter ausreichend; unter schwierigeren Bedingungen käme es zum Sturz. Selbst wenn jemand den Wunsch, die Motivation und die Kondition hätte, müßte er immer noch an seinem Können arbeiten, um jede Abfahrt zu meistern.

Menschen können ihre Fähigkeiten nicht nur ausbilden, sondern auch neue Wünsche entwickeln und sogar ihren Stil verändern. So nehmen Mitarbeiter, die beispielsweise ein neues Instrument zum Zeitmanagement und ein entsprechendes Training dazu bekommen, unter dem Eindruck der neuen Erfahrungen auch wichtige Veränderungen in ihrem Privatleben vor. Menschen, die gerade lernen, sich in andere einzufühlen, stellen fest, daß die Entwicklung dieser Fähigkeiten ihren Stil bestätigt und festigt. Der Therapeut Carl Rogers meint, wer anderen wirklich helfen wolle, sich zu verändern, müsse sich in sie einfühlen. Dabei gewinne man allmählich selbst neue Einsichten und entdecke neues Potential in sich. In gewisser Hinsicht ist also schon der Weg das Ziel.

Problem 6:

Mangelndes Vertrauen: Unter den Mitarbeitern herrscht geringes Vertrauen, was zu Abschottung, Kommunikationsproblemen und zu mangelhafter Teamarbeit führt.

Vertrauen ist der Gradmesser für die Qualität der zwischenmenschlichen Beziehungen. In gewisser Hinsicht ist es wie mit dem Huhn und dem Ei. Was war zuerst da? Wenn Sie versuchen, Vertrauen zu schaffen, gleichzeitig aber andere chronische und akute Probleme vertuschen, verschlimmern Sie die Situation nur. So besteht einer der besten Wege, in einem Unternehmen ein Klima des Vertrauens aufzubauen, darin, eine Unternehmensphilosophie zu erarbeiten und den Mitarbeitern Orientierungspunkte zu geben. Aber dies wird Ihnen nicht gelingen, wenn Sie gleichzeitig einen konservativen Führungsstil praktizieren. Ihre Mitarbeiter werden Ihren Worten nicht viel Glauben schenken.

Mangelndes Vertrauen tötet die Kommunikation, auch wenn noch so viele Trainings absolviert werden. In Unternehmenskulturen, in denen wenig Vertrauen herrscht, präsentieren die Manager zwar auch Leistungsvereinbarungen, Arbeitsplatzbeschreibungen und Philosophien, aber sie stoßen damit auf Kälte und Gleichgültigkeit. Die Mitarbeiter verfolgen lieber ihre eigenen Interessen und suchen nach Wegen, um ihren Job zu behalten und an ihrer Karriere zu basteln.

Die Ebene des Vertrauens – »Ich kann dir vertrauen«, »Du bist glaubwürdig«, »Du bist jemand, der einen Fehler auch eingesteht«, »Du bist offen«, »Du bist lernwillig« oder »Ich weiß, ich kann mich auf dich verlassen« – entsteht aus einem instinktiven Gefühl heraus, das die Grundlage für jede weitere Entwicklung ist. Wenn Sie dieses

Gefühl bei anderen nicht hervorrufen, senden Sie vielleicht ambivalente Botschaften aus, die Mißtrauen säen. Aus Problemen, in die Sie sich durch Ihr Verhalten hineinmanövrieren, können Sie sich jedenfalls schwer herausreden.

Glaubwürdigkeit ist mehr als Integrität, denn zu ihr gehört auch Kompetenz. Mit anderen Worten: Bevor wir einen ehrlichen Arzt aufsuchen, möchten wir wissen, ob er auch kompetent ist. Manchmal konzentrieren wir uns zu sehr auf die berufliche Leistung. Ehrliche Menschen, die auf ihrem Fachgebiet inkompetent sind, sind nicht vertrauenswürdig.

Problem 7:

Keine Integrität sich selbst gegenüber: Werte entsprechen nicht der Lebenspraxis; zwischen Reden und Handeln bestehen Widersprüche.

Wie soll ein Mensch, dem es an Integrität mangelt, Vertrauen aufbauen? Wie wird er vertrauenswürdig? Wie kann er seinen Stil anpassen, damit er den Anforderungen einer neuen Umgebung entspricht? Wie kann er eine Kultur schaffen, in der es echtes Vertrauen gibt?

Wie kann ein Unternehmen, dem es an Integrität mangelt, seine Kunden zufriedenstellen? Wie hält es seine besten Mitarbeiter? Wie bleibt es im Geschäft?

Ein Mensch, der seine eigenen Wertmaßstäbe nicht erfüllt, hat wahrscheinlich auch keine klare Vorstellung über seine Lebensziele. Ohne eine solche Definition der uns wichtigen Werte lassen wir uns ständig in neue Richtungen ziehen. Vielleicht können wir unsere Ziele sogar benennen – aber wir leben nicht danach. Wir sind gespalten und ambivalent.

Auch in Unternehmen tritt eine solche Ambivalenz häufig auf. Sie wird hier sogar noch deutlicher, weil ein Unternehmen aus vielen einzelnen Menschen besteht. Wenn wir im Rahmen unserer Beratertätigkeit eines oder mehrere der beschriebenen sieben chronischen Probleme entdecken, auch wenn die oberen Führungskräfte einen Sündenbock nach dem anderen präsentieren, müssen sie nur eine einzige Frage beantworten: »Verfüge ich selbst über Integrität?«

Probleme sind lösbar

Diese sieben chronischen Probleme sind lösbar. Sie sind weit verbreitet: Ihre Konkurrenten leiden höchstwahrscheinlich ebenso daran wie Sie. Der Erfolg ist im Geschäftsleben immer relativ. Er wird nicht an einem Ideal wie einer bestimmten Spitzenleistung gemessen, sondern am Bestehen im Wettbewerb. Und da die meisten Unternehmen an einem oder mehreren der sieben Probleme leiden, lernen die Menschen im Berufsleben, mit den chronischen Problemen zu leben – bis der Schmerz allzu bohrend wird.

Ich bin überzeugt davon, daß aufgeschlossene Führungspersönlichkeiten diese sieben chronischen Probleme lösen können. Sie werden nicht nur die Symptome behandeln, sondern eine bessere Gesellschaft aufbauen. Dazu müssen sie Einstellungen ändern, Vertrauen schaffen, Strukturen und Systeme überdenken. Die meisten Führungspersönlichkeiten versuchen schon heute, dies in bestimmtem Ausmaß zu tun. Sie versuchen, ein profitables, informiertes, qualifiziertes, produktives, kooperatives, hervorragendes Unternehmen zu schaffen. Und sie beginnen, die Mitarbeiter so ernst zu nehmen wie die Geschäftsergebnisse.

Kapitel 12

Die Veränderung des Management-Paradigmas

Wie werden wir effektiver? Meiner Erfahrung nach müssen wir dazu zunächst einmal Einstellungen und Verhaltensweisen überdenken und verändern. Wenn Ihnen wirklich daran gelegen ist, grundlegende Veränderungen zu erreichen, ob im privaten oder beruflichen Leben, müssen Sie Ihren Bezugsrahmen überprüfen. Wie sehen Sie die Welt? Welche Einstellung haben Sie anderen Menschen gegenüber? Wie bewerten Sie Fragen des Managements und der Führung? Denken Sie über diese Aspekte Ihres *Paradigmas* nach und fragen Sie sich, ob sie Ihrer Effektivität zuträglich sind oder nicht. Wenn Sie Ihr Paradigma – den persönlichen Schlüssel zum Verständnis und zur Deutung der Wirklichkeit – ändern, eröffnen sich Ihnen neue Einsichten. Sie entdecken neue Handlungsmöglichkeiten und erzielen Fortschritte und Leistungssteigerungen, die zuvor undenkbar waren.

Vier Management-Paradigmen

Nachfolgend beschreibe ich vier Management-Paradigmen. Auch wenn jedes Paradigma seine individuellen Vorzüge hat, weisen drei von ihnen grundsätzliche Mängel auf, weil sie auf falschen Annahmen über das Wesen des Menschen basieren.

Vier Paradigmen

Bedürfnis	Metapher	Paradigma	Prinzip
physisch/ wirtschaftlich	Bauch	Wissenschaftlich Autoritär	Gerechtigkeit
sozial/emotional	Herz	Human Relations (wohlwollend autoritär)	Freundlichkeit
psychologisch	Verstand	Human Resources	Nutzung und Entwicklung von Potential
geistig	Geist (der ganze Mensch)	Prinzipienorientierte Führung	Sinn

- *Erstens: das wissenschaftliche Management-Paradigma.* Nach diesem Denkmodell ist der Mensch hauptsächlich von wirtschaftlichen Bedürfnissen bestimmt. Motiviert wird mit Zuckerbrot, um die Mitarbeiter zu Höchstleistungen anzuspornen, und Peitsche, um sie gegebenenfalls zur Räson zu bringen. Das entscheidende Merkmal dieses Paradigmas ist die uneingeschränkte Autorität, die der Manager ausübt. Er allein weiß, was am besten ist, und nur er trägt die Verantwortung dafür, daß seine Mitarbeiter die entsprechende Arbeit leisten. Natürlich achtet er in finanziellen Dingen sehr auf Gerechtigkeit. Im Zentrum dieses Paradigmas steht das Ziel, materielle und wirtschaftliche Bedürfnisse zu befriedigen.

Die zugrundeliegende Annahme ist die vom *ökonomisch bestimmten Menschen*: Das Streben nach finanzieller Sicherheit ist die Hauptriebfeder unseres beruflichen Handelns. Dies hat fast zwangsläufig den Führungsstil mit Zuckerbrot und Peitsche zur Folge. Wenn diese Annahme wirklich so zuträfe, dürfte es von einem bestimmten Monatseinkommen aufwärts keine Motivationsprobleme mehr geben.

Der Führungsstil ist autoritär, weil der Manager die Entscheidungen alleine trifft und von seinen Mitarbeitern keine Mitsprache, sondern nur bezahlten Gehorsam erwartet. Es gibt viele Manager, die so führen. Von Zeit zu Zeit geben sie zwar vor, ein umfassenderes Menschenbild zu vertreten, aber das ändert nichts daran, daß sie Leistung einzig und allein über das Gehalt zu erkaufen versuchen.

- *Zweitens: das Paradigma der Human Relations.* Dieses Denkmodell berücksichtigt die Tatsache, daß die Menschen nicht nur einen Bauch haben, sondern auch ein Herz, d. h. sie sind soziale Wesen. Sie sind zu Gefühlen fähig. Für den Manager bedeutet dies, daß seine Mitarbeiter nicht nur gerecht, sondern auch freundlich, höflich und korrekt behandelt werden wollen. Aber auch dieses Paradigma muß noch als autoritär bezeichnet werden, selbst wenn es mit wohlwollenden Elementen durchsetzt ist. Die Manager agieren immer noch in einem geschlossenen Zirkel, der sie gleichsam zu einer Elite macht. Freundlichkeit und Gerechtigkeit können nicht darüber hinwegtäuschen, daß die ganze Macht und Kontrolle uneingeschränkt bei ihnen liegen.

Dieses Paradigma basiert auf der Annahme vom *sozioökonomischen Menschen*: Die Menschen haben nicht nur materielle Bedürfnisse, sondern auch soziale: Sie wollen gut behandelt und respektiert werden, und sie brauchen das Gefühl, einer Gemeinschaft anzugehören. Diese Sichtweise der menschlichen Natur war die Grundlage für die Entwicklung der Theorie der Human Relations.

Auch in diesem Modell wird dem Management letztendlich die Entscheidungsbefugnis zugeordnet; zumindest gibt es hier jedoch Personalmanager, denen es obliegt, Teamgeist zu fördern, eine positive Haltung dem Unternehmen gegenüber aufzubauen und auf ein harmonisches Miteinander der Beschäftigten hinzuwirken. Manager, die sich an diesem Denkmodell orientieren, laufen jedoch Gefahr, einen zu permissiven und nachgiebigen Stil zu entwickeln, weil sie ein ausgeprägtes Bedürfnis haben, beliebt zu sein. Meist verabscheuen sie nichts so sehr, wie anderen Menschen feste Normen und

Erwartungen vorzugeben. Viele dieser Manager sind ein Opfer falscher Dichotomien geworden. Sie denken: »Wir sind entweder hart oder weich, stark oder schwach. Wenn wir die Verantwortung nicht übernehmen, tut es ein anderer und bestimmt über uns.« Und da ein autoritärer Stil fast immer zu schnelleren Ergebnissen als ein permissiver Stil führt, steht ein Manager, der an das sozioökonomische Paradigma glaubt, vor einem Dilemma. Meist löst er es, indem er einen wohlwollend autoritären Führungsstil annimmt. Er ist dann wie ein freundlicher Vater, der stets weiß, was für seine Kinder am besten ist, und der so lange für sie sorgt, wie sie sich seinen Wünschen fügen. Sobald sie sich jedoch auflehnen, gilt das als mangelnde Loyalität oder Undankbarkeit: »Und das nach allem, was ich für sie getan habe!«

• *Drittens: das Paradigma der Human Resources.* Dieser Ansatz bezieht nicht nur die Faktoren Gerechtigkeit und Freundlichkeit ein, sondern auch Effizienz. Welche Leistung kann der einzelne Mitarbeiter für das Unternehmen erbringen? Diese Frage stellt sich, weil das Modell dem Menschen nicht nur Bauch und Herz zuschreibt, sondern auch einen Verstand: Menschen sind erkennende, denkende Wesen. Erst dieses umfassendere Menschenbild ermöglicht es einer Führungskraft, sich Gedanken darüber zu machen, wie Talent, Kreativität, Ressourcen, Klugheit und Ideenreichtum der Mitarbeiter am besten genutzt werden können. Sie kann beispielsweise mehr delegieren, weil Menschen, wenn sie sich einem Ziel verschrieben haben, gerne selbständig arbeiten. Überhaupt sieht sie in den Menschen die wichtigste Ressource des Unternehmens. Mitarbeiter brauchen eine optimale Umgebung und eine Kultur, in der sie ihre Talente und Energien entfalten können. Sie haben das Bedürfnis, einen sinnvollen Beitrag zum Allgemeinwohl zu leisten. Deshalb möchten sie, daß ihre Talente gefördert, genutzt und nicht zuletzt auch anerkannt werden.

Dieses Paradigma würdigt die Psyche des Menschen: Wir brauchen nicht nur wirtschaftliche Sicherheit und soziale Zugehörigkeit, sondern wir möchten auch wachsen, uns weiterentwickeln und mit dazu beitragen, daß Ziele, die wir für wichtig erachten, erfüllt werden. Ein Manager, der nach diesem Paradigma handelt, geht davon aus, daß in seinen Mitarbeitern noch viel mehr steckt, als das, was sie bisher gezeigt haben. Seine Aufgabe ist es, diese ungenutzten Fähigkeiten aufzudecken und für die Ziele des Unternehmens einzusetzen. Dazu muß er ein geeignetes Umfeld schaffen und für günstige Rahmenbedingungen sorgen.

- *Viertens: prinzipienorientierte Führung.* Die Faktoren in diesem Paradigma heißen Gerechtigkeit, Freundlichkeit, Effizienz und Effektivität: Es sieht den ganzen Menschen, und nicht nur das ökonomische, soziale oder psychologische Wesen. Menschen haben auch einen Geist, sie suchen einen *Sinn* in dem, was sie tun. Es genügt nicht, daß ihre geistigen Fähigkeiten beansprucht werden, sondern das, was sie tun, muß auch einen Sinn haben.

Prinzipienorientierte Manager wissen, daß jeder Mitarbeiter über mehr Energie, Kreativität und Initiative verfügt als sein Arbeitsplatz ihm einräumt oder abverlangt. Jeder Mensch hat die innere Sehnsucht: »Glaube an mich.« IBM hat daraus die Konsequenzen gezogen und den Glauben an die Würde und das Potential des einzelnen Mitarbeiters zur Basis der Unternehmensphilosophie gemacht. Wer das prinzipienorientierte Modell erst einmal verinnerlicht hat, stellt fest, daß die veränderte Sichtweise der Menschen sich täglich unter Beweis stellt: Sie erfüllen die an sie gerichteten Erwartungen.

In anderen Unternehmen verwenden Mitarbeiter einen großen Teil ihrer Kreativität auf die Erfüllung eigener Ziele und Träume. Entsprechend wenig Energie bleibt für die Arbeit übrig. Negative Synergie stellt eine enorme Verschwendung menschlicher Talente dar. Die Formel für positive Synergie heißt: Beteiligung + Geduld = Engagement. Der Mitarbeiter hinter dem Schreibtisch muß so behandelt werden wie der Kunde, der ihm gegenübersitzt. Engagement läßt sich schließlich durch nichts auf der Welt erkaufen.

Im Rahmen meiner Arbeit frage ich die Menschen oft, ob sie damit einverstanden wären, ein Loch zu graben und es acht Stunden am Tag und fünf Tage in der Woche bis zum Rentenalter aufzufüllen, wenn sie dafür ein Jahresgehalt von einer Million Dollar bei jährlichem Inflationsausgleich erhielten. Manche antworten mit »Ja«, weil sie ihre derzeitige wirtschaftliche Situation verbessern wollen. Innerhalb weniger Jahre wären sie jedoch verrückt, selbst wenn sie versuchen würden, in ihrer Freizeit sinnvolleren Beschäftigungen nachzugehen. Denn der Satz trifft nach wie vor zu: Der Mensch lebt nicht vom Brot alleine.

Aus diesem umfassenden Menschenbild ergibt sich die Forderung, jedem Menschen ein anspruchsvolles und erfülltes Arbeitsleben zu ermöglichen. Prinzipienorientierte Führungskräfte versuchen deshalb, langweilige, sich wiederholende Aufgaben zu automatisieren und den Mitarbeitern die Chance zu geben, auf ihre Leistungen stolz sein zu können. Sie fördern ihre Mitwirkung an Entscheidungsprozessen und bei wichtigen Regelungen. Je wichtiger ein Problem ist, desto mehr bemühen sie sich sogar um gemeinsam erarbeitete Lösungen. Sie sind stets bestrebt, Mitarbeitern mehr Verantwortung und Selbständigkeit einzuräumen, damit sie sich weiterentwickeln und dazulernen.

Aus vielen Untersuchungen, die in Unternehmen durchgeführt wurden, geht hervor, daß die meisten Menschen, wenn sie die Wahl hätten, prinzipienorientiert geführt werden möchten. Sie wollen einen Sinn und Zweck in ihrem Leben erkennen. Sie möchten von ihren Vorgesetzten in jeder Hinsicht respektiert werden. Gleichzeitig erwarten diese wiederum von ihren Untergebenen, daß sie das Paradigma der Human Relations akzeptieren: »Ich möchte, daß du (da oben) mich um meine Meinung fragst, aber ich möchte auch, daß du (da unten) wie ein guter Soldat mitmarschierst. Sei kooperativ und hilfsbereit.«

Das wissenschaftliche Management-Paradigma (Bauch) sagt: »Bezahl mich gut.« Das Paradigma der Human Relations (Herz) sagt: »Behandle mich gut.« Das Paradigma der Human Resources (Verstand) sagt: »Nutze mich gut.« Das Paradigma der prinzipienorientierten Führung (der ganze Mensch) sagt: »Laß uns über Vision und Philosophie, Rollen und Ziele reden. Ich möchte etwas Sinnvolles beitragen.«

Von diesen vier Denkmodellen bietet die *prinzipienorientierte Führung* die umfassendste Richtschnur. Sie berücksichtigt nicht nur das Gebot der Gerechtigkeit und Freundlichkeit gegenüber den Mitarbeitern, sie nutzt nicht nur ihre Talente besser und erhöht damit ihre Effizienz, sondern sie führt auch zu ungeahnten Fortschritten in der persönlichen Effektivität und zu Leistungssteigerungen im Unternehmen.

Kapitel 13

Die Vorteile
des M-Plus-Paradigmas

Im Rahmen meiner Arbeit mit dem Vorstand eines in Dallas, Texas, beheimateten Immobilienkonzerns stellte ich einmal die Frage: »Existiert in Ihrem Konzern eine Aussage über die Unternehmensphilosophie?«

Ich mußte nachhaken, um dann eine etwas unwillig erteilte Antwort zu erhalten. Sie lautete folgendermaßen: »Ziel des Unternehmens ist es, das Vermögen der Aktionäre zu mehren.« Ich fragte: »Lassen Sie das drucken und verteilen, um Ihre Kunden von sich zu überzeugen und die Mitarbeiter zu motivieren?«

»Es ist eher so etwas wie eine private Aussage. Mit diesem idealistischen Kram haben wir nichts am Hut. Im Geschäftsleben geht es doch nur um das eine, ums Geldverdienen.« Ich antwortete: »Das gehört sicherlich zu den wichtigsten Zielen. Aber jetzt will ich Ihnen sagen, wie es in Ihrem Unternehmen aussieht.«

Dann beschrieb ich die Merkmale der Unternehmenskultur: Zwischenmenschliche Konflikte; Rivalitäten zwischen Abteilungen; Grüppchen, die sich an wichtigen Fragen aufrieben und polarisierten; Gerüchte und üble Nachreden; all das übertüncht mit oberflächlicher Freundlichkeit. Daraufhin umriß ich den Zustand der ganzen Branche: Gewerkschaftlich organisiert mit Menschen, die nur mit halber Kraft arbeiteten; gegensätzliche Interessen zwischen Abteilungen; ständiger Kampf um die Marktanteile und eine Inflation von Werbeaktionen, um die Umsatzziele zu erreichen.

Die Manager fragten: »Woher wissen Sie all das?« »Sie haben es mir gerade eben gesagt: Sie befassen sich nur mit den wirtschaftlichen Bedürfnissen der Menschen, beschränken sich dabei auf eine Ebene und gehen von falschen Annahmen aus. Die Konsequenz ist beinahe zwangsläufig: Die Mitarbeiter suchen nach anderen Wegen, um ihre Bedürfnisse zu befriedigen und sinnvoller zu arbeiten.«

»Und was schlagen Sie nun vor?« Ich legte ihnen die Grundzüge eines neuen Management-Paradigmas dar. Noch während meiner Präsentation begannen sie einzusehen, daß in ihrer Kultur grundlegende Veränderungen notwendig waren, und sie fragten: »Wie lange wird das Ganze wohl dauern?«

»Nun, das hängt davon ab, wie sehr Sie unter der derzeitigen Situation leiden. Wenn Sie glauben, sie hinnehmen zu können, verändert sich vielleicht nie etwas. Stehen Sie jedoch unter Druck oder meldet sich Ihr Gewissen, weil die Unternehmenskultur doch sehr zu wünschen übrig läßt, dann sollten Sie handeln. Fangen Sie an, eine Aussage über die Unternehmensphilosophie zu formulieren, und richten Sie dann Stil, Struktur und Systeme danach aus. Dafür sollten Sie ein bis zwei Jahre ansetzen.«

»Sie dürfen eins nicht vergessen, Stephen: Wir arbeiten schnell. So etwas bringen wir an einem Wochenende über die Bühne.« Ihr Paradigma kreiste also letztendlich nur ums Geschäft. Die daraus erwachsene Kultur verhinderte wirkliche Teamarbeit, weil die Prioritäten falsch gesetzt wurden. Über das Schicksal einer Immobilie konnte durchaus einmal an einem Wochenende entschieden werden, aber ein völlig neues Management-Konzept hätte etwas mehr Zeit erfordert.

Im folgenden will ich diesem Beispiel ein Paradigma entgegensetzen, mit dessen Hilfe Führungskräfte ihre Abläufe besser analysieren und Ziele zuverlässiger erreichen können, weil es Unternehmen und Organisationen in ihrer Ganzheit erfaßt. Ich nenne es das *M-Plus-Paradigma.*

Das M-Plus-Paradigma

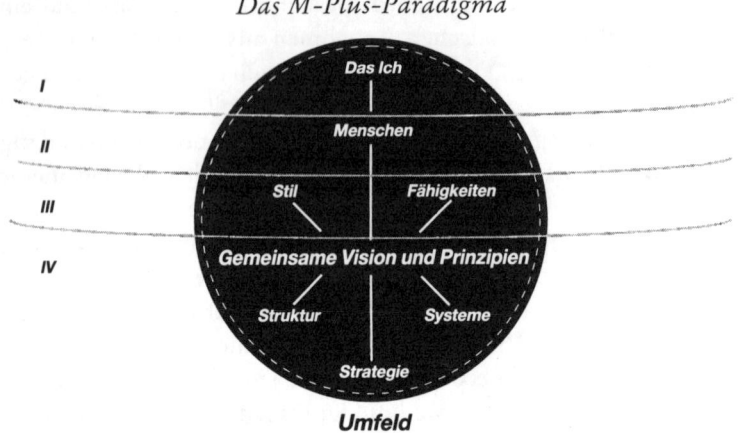

Die Elemente des Paradigmas

Das wichtigste Element im M-Plus-Paradigma der prinzipienorientierten Führung beginnt mit dem Buchstaben »M« für Menschen.

• *Menschen.* Das M-Plus-Paradigma basiert nicht auf einer besonders effizienten Unternehmensstruktur oder einem optimalen Führungsstil, sondern auf der Effektivität der Menschen. Es trägt der Tatsache Rechnung, daß ein Unternehmen letztendlich aus Menschen besteht: Auf sie geht alles zurück, was auf persönlicher, zwischenmenschlicher, Führungs- und Unternehmensebene geschieht. Die Unternehmenskultur ist nur ein Ausdruck dessen, wie die Mitarbeiter sich selbst, ihre Kollegen und ihr Unternehmen sehen.

• *Das Ich.* Ganz gewiß gibt es vielerlei Anlaß zur Sorge über Ereignisse innerhalb und außerhalb des Unternehmens. Wenn wir jedoch sinnvolle Veränderungen herbeiführen wollen, müssen wir mit den Dingen beginnen, die wir selbst beeinflussen können. Es zeigt sich also auch hier wieder, daß wirklicher Wandel nur von innen kommt.

• *Stil.* Ein partizipativer Führungsstil fördert einerseits Innovationsbereitschaft, Initiative und Engagement, andererseits hat er zur

Folge, daß das Verhalten der Mitarbeiter weniger vorhersehbar wird. Das bedeutet, daß die Manager ein gewisses Maß an Kontrolle aufgeben müssen. Wenn sie von Partizipation reden, aber an ihren Kontrollbefugnissen festhalten, entsteht ein Klima der Resignation.

• *Fähigkeiten.* Delegation, Kommunikation, Verhandlungsführung und Selbst-Management sind wichtige Bereiche, die man beherrschen muß, um gute Arbeit zu leisten. Glücklicherweise können solche Kompetenzen durch Training und Weiterbildungsmaßnahmen erlernt oder aufgefrischt werden.

• *Gemeinsame Vision und Prinzipien.* Wie soll gearbeitet werden? Um diese Frage beantworten zu können, müssen die Strukturen und die Aufgaben des Managements möglichst einvernehmlich festgelegt werden. Leistungsvereinbarungen nach dem Gewinn-Gewinn-Prinzip, die auf einer gemeinsamen Vision und gemeinsamen Prinzipien beruhen, geben beiden Seiten genügend Freiraum, um eigene Prioritäten zu setzen. Das kann so aussehen, daß der Mitarbeiter ein Projekt bearbeitet und der Vorgesetzte ihm unterstützend zur Seite steht. Fehlt eine solche Leistungsvereinbarung, wird der Vorgesetzte zu sehr von seinen Kontrollaufgaben beansprucht, weil die Mitarbeiter nicht für die Ergebnisse ihrer Arbeit verantwortlich sind.

• *Strukturen und Systeme.* In Unternehmen gibt es verschiedene Arten von interdependenten Beziehungen, die bestimmte Strukturen und Systeme erfordern. Die beste Metapher dafür ist der menschliche Körper: Das Nervensystem übermittelt Nachrichten (Informationen), der Kreislauf transportiert Nährstoffe (Entlohnung); das Skelett (Struktur) hält den Menschen aufrecht; das Atmungssystem liefert Sauerstoff (Feedback).

All diese Systeme sind interdependent: Eine Krankheit kann ihr Gleichgewicht ganz empfindlich stören. Auch in Unternehmen gibt es ein Gleichgewicht, einen Zustand ohne nennenswerte Probleme, Konflikte und Bedrohungen. Damit ist jedoch noch nichts über den Grad der Produktivität ausgesagt. Die Mitarbeiter können äußerst kreativ sein, Synergie erzeugen, Teamgeist entwickeln und die Unternehmensziele aus Überzeugung unterstützen. Sie können aber auch ein Klima der Feindseligkeit pflegen, Intrigen spinnen, eine geringe Produktivität festschreiben und entsprechend magere Gewinne erwirtschaften. Selbst in diesem Fall kann sich ein Unternehmen im Gleichgewicht befinden, wenn auch auf einer niedrigen Leistungsstufe.

Die meisten Unternehmen kennen sechs Systeme:

1. *Information.* Die Führungskräfte möchten ein genaues, ausgewogenes, objektives Bild dessen, was im Unternehmen vor sich geht. Dazu benötigen sie ein Informationssystem, das ihnen auch Auskunft über die Stimmungslage aller Unternehmensmitglieder gibt. Verläßliche Daten ermöglichen kluge Entscheidungen (ein weises Urteilsvermögen vorausgesetzt).

2. *Entlohnung.* Dazu zählen das Gehalt, Anerkennung, Verantwortung, Aufstiegschancen und jegliche Vergünstigungen, die mit einer Position zusammenhängen. Ein effektives Entlohnungssystem enthält sowohl finanzielle als auch psychologische Elemente. Es belohnt Kooperation und fördert den Teamgeist.

3. *Personalentwicklung.* In effektiven Programmen übernimmt der Lernende selbst die Verantwortung für seine Lernerfolge. Der Lehrer und die Lehrinstitution werden als hilfreiche Unterstützung angesehen. Der Lernende hat also mehr Kontrolle über das System als umgekehrt. Er kann sein Tempo selbst bestimmen und darüber entscheiden, mit welchen Methoden er die von beiden Seiten vereinbarten Ziele erfüllen will. Der Lernende gibt sein neuerworbenes Wissen weiter, was sein Engagement und den Lerneffekt erhöht. Die Ziele der Trainingsprogramme werden auf die individuelle berufliche Situation des einzelnen abgestimmt.

4. *Mitarbeiter auswählen.* Prinzipienorientierte Manager wählen ihre Mitarbeiter sehr sorgfältig aus. Sie berücksichtigen die Fähigkeiten des Kandidaten, seine Begabungen und Interessen sowie die Anforderungen des Arbeitsplatzes. Besondere Stärken und Vorlieben werden sich auch auf das Unternehmen positiv auswirken. Die Interessen beider Parteien müssen stets berück-

sichtigt werden, ob im Vorstellungsgespräch, während des Auswahlprozesses oder bei der endgültigen Entscheidung. Bestimmte Erfolgsmuster im Berufsleben eines Kandidaten müssen daraufhin überprüft werden, ob sie zu den Mustern passen, die im Unternehmen und der Branche gefordert werden. Diskrepanzen sollten offen zur Sprache gebracht werden. Effektive Manager suchen dann, bevor sie eine abschließende Entscheidung über eine Einstellung, Beförderung, Versetzung oder Entlassung treffen, Rat bei Kollegen und Vorgesetzten, denen sie vertrauen.

5. *Arbeitsgestaltung.* So wie ein Haus den Bedürfnissen und dem Geschmack seiner Bewohner so weit wie möglich entsprechen sollte, so könnten auch Arbeitsplätze auf die Interessen und Qualifikationen der Beschäftigten abgestimmt werden. Jeder Mitarbeiter möchte wissen, welchen Zwecken seine Arbeit dient, in welchem Zusammenhang sie mit den Unternehmenszielen steht und welchen individuellen Beitrag er dazu leisten kann. Darüber hinaus benötigt er Informationen darüber, wo er Hilfe und Unterstützung findet, welche Ressourcen ihm zur Verfügung stehen und wie weit seine Freiheit in der Wahl der Methoden reicht. Von Anfang an sollten Feedback-Kanäle geschaffen werden, und man sollte Vorsorge dafür treffen, daß Menschen sich weiterentwikkeln und neue Chancen suchen.

6. *Kommunikation.* Gespräche unter vier Augen zur Ausarbeitung der Leistungsvereinbarungen und ihrer Erfolgskontrolle sind der Schlüssel zu einer effektiven Kommunikation im Unternehmen. Empfehlenswert sind auch folgende Kommunikationsformen, die nach Bedarf zum Einsatz kommen und handlungsorientiert sind: Innerbetriebliche Ausschreibungen, mit denen Vorschläge für Sparmaßnahmen gesucht und belohnt werden; Maßnahmen, die eine Politik der offenen Tür und den Anspruch auf eine gerechte Behandlung reflektieren; jährliche Gehaltsgespräche; anonyme Meinungsumfragen und Brainstorming in Arbeitsgruppen. Kommunikationssysteme funktionieren effektiver, wenn sie in den Rahmen einer Vision und Philosophie eingebettet sind. Oft weisen Systeme in die falsche Richtung, weil sie von Mitar-

beitern mit einer Mentalität des Mangels errichtet werden. Diese fühlen sich durch kompetente Kollegen bedroht, sie ertragen es nicht, wenn auch andere gute Ideen haben, und sie können Anerkennung und Macht nicht teilen.

• *Strategie.* Die Strategie sollte auf die einmal erarbeitete Unternehmensphilosophie, die verfügbaren Ressourcen und die Marktbedingungen abgestimmt werden. Sie muß regelmäßig überprüft und gegebenenfalls angepaßt werden, etwa wenn sich die Wettbewerbssituation verändert.

• *Umfeld.* Jedes Unternehmen muß Einflüsse von innen und von außen verarbeiten. Diese müssen kontinuierlich beobachtet werden, damit sich nicht eines Tages die Strategie, die Philosophie und die Systeme zu weit von der Realität entfernt haben. Kluge Führungskräfte verfolgen deshalb neue Entwicklungen und bilden ein Gespür für sich abzeichnende Veränderungen aus, um sich vor unangenehmen Überraschungen möglichst wirkungsvoll zu schützen.

Produkte und Dienstleistungen, die höchsten Ansprüchen genügen, können nur von Menschen stammen, die auch hohe Ansprüche an sich selbst stellen. Der Schlüssel dafür sind Charakter und Kompetenz. Prinzipienorientierte Menschen streben Quantität durch Qualität und Ergebnisse durch zwischenmenschliche Beziehungen an. In ihrer Ehe und Familie, am Arbeitsplatz und im Verein lautet ihr Leitprinzip: »Wir klatschen nicht über Abwesende. Wenn wir Kritik üben, dann um anderen zu helfen, und nicht, um eine vermeintliche Überlegenheit zu demonstrieren. Konflikte lösen wir im direkten Gespräch.« Ein solches Verhalten erfordert sehr viel Mut und Charakterstärke – und diese entwickelt man, indem man prinzipienorientiert und nach dem M-Plus-Paradigma lebt.

Vier Charakteristiken

Ein Paradigma ist ein der Natur nachempfundenes Modell. Deshalb bedeutet jede Verbesserung eines Paradigmas auch den Versuch, mehr Verständnis für die Natur zu entwickeln. Wenn ein solches Paradigma aber von vornherein mit Fehlern behaftet ist, spielt es keine Rolle mehr, wie vorbildlich Sie sich verhalten oder wie gut Ihre Absichten sind.

Das M-Plus-Paradigma weist vier Merkmale auf, welche die Natur besser als die meisten anderen Konzepte beschreiben.

• *Erstens: Es ist ganzheitlich.* Mit anderen Worten, das Paradigma schafft für Fragen der Unternehmensstruktur ebenso einen Rahmen wie für Fragen der Unternehmensführung, des Führungsstils und des Personalmanagements. Es handelt sich um ein offenes System, das interne Einflüsse, branchenspezifische Gegebenheiten und sogar gesellschaftliche Bedingungen beschreiben kann.

Es gibt kein Unternehmen, in dem alle Faktoren genau in die richtige Richtung weisen. Pro-aktive, prinzipienorientierte Menschen lassen sich aber nicht zum Opfer widriger Umstände machen. Sie streben unbeirrt danach, etwas Sinnvolles aus der Umgebung zu machen, in der sie leben und arbeiten – aus den gesellschaftlichen Bedingungen, aus den wirtschaftlichen, sozialen und politischen Entwicklungen, aus den kulturellen Kräften und internationalen Märkten.

• *Zweitens: Es ist ökologisch.* Dies bedeutet, daß die einzelnen Elemente miteinander in Beziehung stehen, wie es in jedem Ökosystem der Fall ist. Veränderungen in einem Bereich haben Auswirkungen auf jeden anderen Bereich. Einige Management-Paradigmen gehen davon aus, daß ein Unternehmen aus separaten, mechanischen, nicht-organischen, nicht-ökologischen Bestandteilen besteht. Viel zutreffender ist es jedoch, Unternehmen als Ökosysteme innerhalb größerer Biosphären und damit als Teil der Natur zu sehen. Auch die Natur läßt sich nicht in getrennte Einheiten gliedern, weil sie ein unteilbares Ganzes ist.

• *Drittens: Es ist auf Entwicklung angelegt.* Dies bedeutet, daß viele Prozesse in kleinen, aufeinander aufbauenden Schritten erfolgen. Wachstum und Fortschritt vollziehen sich in einer bestimmten Abfolge. Diesen Entwicklungsaspekt berücksichtigen viele traditionelle Management-Paradigmen nicht. Statt dessen gehen sie davon aus, daß man in einen beliebigen Prozeß auf jeder Stufe einsteigen und das gewünschte Ergebnis erzielen kann. Die beste Metapher dafür sind die sechs Tage der Schöpfung. Wirkliche Fortschritte beginnen von innen heraus.

- *Viertens: Es beschreibt pro-aktive Menschen.* Jeder Mensch hat einen Willen und kann eigenständige Entscheidungen treffen. Natürlich ist diese menschliche Eigenschaft unterschiedlich stark ausgeprägt, etwa weil psychische Verletzungen in der Kindheit oder auch in der jüngeren Vergangenheit nachwirken. Wettbewerbsorientierte Menschen denken eher defensiv, sie schützen ihre Interessen und befürchten immer, zu kurz zu kommen. Andere, die in ihrem Leben bestätigt und bedingungslos geliebt wurden, ruhen in sich selbst und wissen, daß für alle genug da ist.

In den meisten Management-Paradigmen geht es nur darum, Mitarbeiter so zu führen, daß sie effizienter arbeiten. Sie werden also wie Sachen behandelt, die sich beliebig einsetzen lassen. Die Folge dieser Einstellung ist, daß die Mitarbeiter eine immer stärkere Abwehrhaltung gegen diese Behandlung einnehmen. Sie engagieren sich etwa in der Gewerkschaft und suchen nach Wegen, um den menschenverachtenden, opportunistischen Tendenzen dieses Management-Stils etwas entgegenzusetzen! Man kann mit Dingen effizient umgehen, aber mit Menschen muß man effektiv sein.

Die vier Eigenschaften des M-Plus-Paradigmas – ganzheitlich, ökologisch, entwicklungsbezogen und menschenorientiert statt sachorientiert – machen es zu einem idealen Instrument für das Management und die prinzipienorientierte Führungsarbeit.

Kapitel 14

Die sechs Merkmale der Führungsstärke

Wir finden uns im Leben zurecht, weil wir ein Bild von der Wirklichkeit haben, das auf bestimmten Annahmen beruht. Leider führen falsche Annahmen auch zu falschen Schlußfolgerungen, selbst wenn der Denkprozeß an sich korrekt ist.

Stichhaltige Schlußfolgerungen kann man also nur aus einem schlüssigen Denkprozeß gewinnen, der wiederum auf korrekten Prämissen beruht.

Diese einfache, fast offensichtliche Wahrheit wird häufig nicht beachtet. Es gibt ganze Bereiche sogenannten objektiven Wissens, die auf nichts weiter als auf subjektiven Annahmen basieren. Deshalb sollten wir alle die Grundannahmen in unseren jeweiligen Fachgebieten, soweit es durch vorhandene Forschungsergebnisse und Literatur möglich ist, in Frage stellen und validieren. Die Psychologie geht etwa von bestimmten Annahmen über das Wesen des Menschen aus. Wirtschaftsführer sind insofern praktizierende Psychologen, als ihre Versuche, Mitarbeiter zu motivieren, immer auf einem bestimmten Menschenbild aufbauen.

In seiner Autobiographie *Eine amerikanische Karriere* schreibt Lee Iacocca (1989), daß er neben den technischen und betriebswirtschaftlichen Kursen am College auch vier Jahre lang Psychologie und Psychopathologie belegte. »Es ist mir völlig ernst damit, wenn ich sage, daß dies wohl die wertvollsten Kurse meiner ganzen Studienzeit waren. Das Schwerpunktthema eines Kurses handelte von nicht mehr und nicht weniger als den Grundlagen menschlichen Verhaltens: Was motiviert einen Menschen?«

Die meisten oberen Führungskräfte haben mittlerweile die Bedeutung der prinzipienorientierten Führung erkannt. Die Frage ist nur noch, wie sie angewandt werden soll. Wie behandelt ein Manager den »ganzen Menschen«? Wie spiegelt sich dieses umfassende Menschenbild im Unternehmen? Wie können Manager einen seit Jahren oder Jahrzehnten praktizierten autoritären oder wohlwollend autoritären Stil ablegen? Wie befreien sie das Unternehmen von überflüssigem psychischem und strukturellem Ballast und räumen den Mitarbeitern ausreichend Freiheit, Flexibilität und Verantwortung ein, um dem neuen Menschenbild gerecht zu werden?

»Schlank und beweglich«, die Losung von General Electric, läßt sich auf die unterschiedlichsten Situationen anwenden. So werde ich nie eine Europareise vergessen, die ich mit meiner Familie unternahm. Nach kurzer Zeit hatten wir so viele Dinge angesammelt – Kleidung, Geschenke, Reiseunterlagen und Souvenirs –, daß wir unsere Koffer kaum noch schleppen konnten. Schließlich beschlossen wir, den größten Teil davon einige Tage vor dem Ende unserer Reise einem Freund zu geben, der es nach Hause schickte. Plötzlich fühlten wir uns frei und unbelastet, und wir konnten uns wieder ungehindert bewegen. Wir mußten keinerlei Energie mehr für unser Gepäck verschwenden.

Diese Erfahrung läßt sich auch auf die Unternehmensführung übertragen. Ich meine, daß Führungskräfte ihre falschen Annahmen über die menschliche Natur verwerfen und sich von unnötigem Ballast befreien müssen. Erst dann wird es möglich, das Potential der Mitarbeiter voll auszuschöpfen und die Effektivität zu erhöhen. Lee Iacocca meint dazu, daß wir zuerst etwas über Motivation lernen müssen, ehe wir Strukturen aufbauen. Gemäß der Maxime der Architekten – »Die Form folgt der Funktion« – könnten wir versuchen, unsere Annahmen zu überprüfen, bevor wir Strategien und Systeme entwickeln.

Um Mitarbeiter zu Höchstleistungen zu motivieren, müssen wir Bereiche finden, in denen die Bedürfnisse und Ziele des Unternehmens mit den Bedürfnissen, Zielen und Fähigkeiten des einzelnen zusammenkommen. Dann können wir Verpflichtungen eingehen, die beiden Seiten Vorteile einbringen und niemanden zum Verlierer machen: die Gewinn-Gewinn-Vereinbarungen. In deren Rahmen können Mitarbeiter so selbständig handeln, daß sie sogar deren Einhaltung selbst kontrollieren. Als Vorgesetzte schaffen wir die notwendigen Voraussetzungen für diese Selbständigkeit und stehen mit Rat und Tat zur Verfügung. Mit den Gewinn-Gewinn-Vereinbarungen werden gleichzeitig auch Kriterien der Verantwortlichkeit festgelegt, anhand derer die Mitarbeiter in regelmäßigen Abständen eine Selbstbeurteilung vornehmen.

Die folgenden vier Voraussetzungen sind also nötig, um Führungsstärke zu erlangen: 1. Gewinn-Gewinn-Vereinbarungen, 2. Selbst-Überwachung, 3. Unterstützung durch Strukturen und Systeme, 4. Verantwortlichkeit.

Im wesentlichen handelt es sich bei der Gewinn-Gewinn-Vereinbarung um einen psychologischen Vertrag zwischen Manager und Mitarbeiter. Die Parteien gehen Verpflichtungen in fünf Bereichen ein: Zielerfüllung, Richtlinien, Ressourcen, Verantwortung und Konsequenzen. Die Festlegung und Durchführung einer Gewinn-Gewinn-Vereinbarung läßt sich in die folgenden fünf Schritte gliedern.

1. Schritt: Sie definieren die angestrebten Ziele. Reden Sie über Ihre Erwartungen und bestimmen Sie dabei Quantität und Qualität der gewünschten Ergebnisse so genau wie möglich. Informieren Sie Ihren Mitarbeiter über Budget und Zeitplan. Überzeugen Sie ihn von seiner Aufgabe, aber lassen Sie ihn dann selbst über die besten Methoden ihrer Realisierung entscheiden. Im wesentlichen stellen die Ziele die Schnittmenge dar, die aus der Unternehmensstrategie, der Philosophie und der Arbeitsgestaltung einerseits und den Zielen, Bedürfnissen und Fähigkeiten des Mitarbeiters andererseits entsteht. Das Gewinn-Gewinn-Konzept verlangt vom Manager und vom Mitarbeiter, daß sie ihre Erwartungen klar zum Ausdruck bringen und sich für die vereinbarten Ziele gemeinsam einsetzen.

2. Schritt: Sie geben Richtlinien vor. Sagen Sie Ihren Mitarbeitern, welche Grundsätze und Vorgehensweisen zu beachten sind. Beschränken Sie sich dabei auf das Notwendigste, um ihnen so viel Gestaltungsfreiheit wie nur möglich zu lassen. Schriftliche Anweisungen zur Unternehmenspolitik sollten kurz sein und hauptsächlich auf die zugrundeliegenden Prinzipien Bezug nehmen. Nur unter solchen Bedingungen können Ihre Mitarbeiter flexibel auf Veränderungen reagieren und ihr Handeln stets auf die Unternehmensziele abstimmen.

In den Richtlinien sollten Sie auch auf die Gefahren eingehen, welche die Erfüllung der Unternehmensziele bedrohen. Viele Management-by-Objectives-Programme scheitern kläglich, weil sie nichts über Gefahren und Grenzen aussagen. Den Mitarbeitern wird suggeriert, sie würden über beinahe unbegrenzte Flexibilität und Freiheit verfügen. Das endet oft damit, daß sie täglich das Rad neu erfinden, Pläne über den Haufen werfen, unweigerlich Mißerfolge erleben und dann zutiefst frustriert sind.

Unter den Beschäftigten breitet sich die Haltung aus: »Laß uns doch diesen MbO-Kram vergessen. Sagt uns lieber, was wir tun sollen.« Nach solchen Enttäuschungen ist die Gefahr besonders groß, daß die Arbeit nur unter dem Aspekt des Geldverdienens gesehen wird und alle darüber hinausgehenden Bedürfnisse außerhalb der Firma befriedigt werden.

Bei der Beschreibung der Gefahren und Grenzen sollten Sie auch erklären, wann und in welcher Form der Mitarbeiter seine Initiative ausübt: Soll er warten, bis man ihn zum Handeln auffordert; soll er Fragen sofort stellen oder vorher selbst nach Lösungen suchen; soll er über jede einzelne Maßnahme einen Bericht erstellen, oder soll er sich an festgelegte Zeitabstände halten? Es ist wichtig, diese Fragen zu klären, weil dann jede Seite die an sie gerichteten Erwartungen kennt und Mißverständnisse weitgehend ausgeschlossen werden.

Verschiedene Arbeitsbereiche können unterschiedliche Lösungen für diese Fragen nahelegen. Manchmal ist es besser, von Fall zu Fall Anweisungen zu erteilen, manchmal ist ein hohes Maß an Selbständigkeit vorzuziehen: »Nutze deinen gesunden Menschenverstand und dein Urteilsvermögen, und tu, was du für richtig hältst; berichte uns in regelmäßigen Abständen über deine Maßnahmen und Ergebnisse.«

3. Schritt: Sie benennen verfügbare Ressourcen. Informieren Sie Ihre Mitarbeiter darüber, welche finanziellen, menschlichen, technischen und unternehmerischen Ressourcen ihnen zur Erreichung der Ziele zur Verfügung stehen. Dazu gehören auch Strukturen und Systeme: Informations- und Kommunikationswege und Trainings. Natürlich spielen hier Kollegen und andere Vorgesetzte eine wichtige Rolle. Regeln Sie die Zugangs- und Nutzungsmöglichkeiten all dieser Ressourcen, oder lassen Sie den Mitarbeiter selbst entscheiden, wie er von ihnen profitieren möchte.

4. Schritt: Sie definieren das Ausmaß der Verantwortlichkeit. Die Gewinn-Gewinn-Vereinbarung hat größere Chancen, eingehalten zu werden, wenn die Mitarbeiter Rechenschaft über ihre Arbeit ablegen. Das stärkt das Verantwortungsbewußtsein und verhindert, daß schlechte Leistungen einfach den widrigen Umständen oder einem Sündenbock zugeschoben werden. Wenn die Mitarbeiter an der Ausarbeitung der Ziele beteiligt wurden, und wenn sie diese für realisierbar halten, setzen sie sich auch dafür ein, sie zu verwirklichen.

Ergebnisse können auf drei Arten beurteilt werden: durch Messung, Beobachtung und Urteilskraft. Informieren Sie Ihre Mitarbeiter, welche Methode Sie wählen. Legen Sie auch fest, wann und wie Berichte zu erstellen und zu besprechen sind. In einer vertrauensvollen Unternehmenskultur stellen die Mitarbeiter viel höhere Ansprüche an sich selbst als ein außenstehender Bewerter oder Manager es je wagen würde. Außerdem ist die eigene Urteilskraft oft weit zuverlässiger als eine sogenannte objektive Messung. Der Grund ist offensichtlich: Jeder Mitarbeiter weiß weit mehr über seine Leistungen, als das beste Punktesystem es je nachweisen könnte.

5. Schritt: Sie legen Konsequenzen fest. Legen Sie einvernehmlich fest, was geschieht, wenn die gewünschten Ergebnisse erreicht bzw. nicht erreicht werden. Erfolge können mit finanziellen und psychologischen Belohnungen wie Anerkennung, Beförderung, Erweiterung des Aufgabenfeldes, zusätzlichen Trainingsangeboten, flexibler Arbeitszeit, Beurlaubung oder größerer Selbständigkeit gewürdigt werden. Negative Konsequenzen können von einer Abmahnung bis hin zur Entlassung reichen.

Der Weg zum Selbstmanagement

Mit diesen fünf Merkmalen wird der Rahmen einer Gewinn-Gewinn-Vereinbarung abgesteckt. Ergebnisse, Richtlinien, Ressourcen, Verantwortlichkeit und Konsequenzen bei guten oder schlechten Leistungen sind damit geklärt. Was die Vereinbarung nicht enthält, sind die einzelnen Methoden. Das Gewinn-Gewinn-Konzept geht nämlich davon aus, daß Menschen in der Lage sind, sich selbst zu führen und zu kontrollieren. Deshalb können sie innerhalb des abgesteckten Rahmens selbst über die notwendigen Schritte entscheiden, um ihre Ziele zu erreichen.

Wenn mehr als zwei Menschen an einer Gewinn-Gewinn-Vereinbarung beteiligt sind, wird aus dem psychologischen ein sozialer Vertrag. Er kann mit einem Team, einer Abteilung oder sogar einem ganzen Bereich geschlossen werden. Immer jedoch ist es unbedingt erforderlich, daß ausnahmslos alle Beteiligten an seiner Ausarbeitung mitwirken. Dieser soziale Vertrag motiviert sie nachhaltiger als der psychologische Vertrag, weil er dem menschlichen Bedürfnis Rechnung trägt, Teil einer Gemeinschaft zu sein und einen sinnvollen Beitrag zu ihrem Funktionieren zu leisten.

Zu den Vorteilen des psychologischen oder sozialen Gewinn-Gewinn-Vertrags gehört seine fast unbegrenzte Flexibilität. Er paßt sich an veränderte Umstände an und behält seine Gültigkeit auch dann, wenn die Beteiligten reifer und kompetenter werden. Wer wenig kann oder keinen Ehrgeiz hat, wird seine Ziele entsprechend niedrig ansetzen; er benötigt mehr Anweisungen; er verfügt über einen klar definierten Zugang zu Ressourcen und erstattet häufiger Bericht über seine Arbeit; die Beurteilung erfolgt anhand eindeutiger, meßbarer Kriterien; die Konsequenzen werden sofort gezogen, so daß die Wirkung des Feedbacks um so stärker ist.

Ein anderer Mitarbeiter, der reifer und kompetenter ist, kann eine Gewinn-Gewinn-Vereinbarung eingehen, die umfassendere und längerfristige Ziele enthält. Er benötigt weniger Leitlinien, vor allem, was Verfahren und Vorhaben angeht. Die Ressourcen müssen zwar definiert, aber nicht bis ins letzte Detail geregelt werden; er kann seine Berichte in größeren Abständen vorlegen; seine Leistungen werden auch nach subjektiver Urteilskraft überprüft; und psychologische Belohnungen sind einmalig gewährten Anerkennungen vorzuziehen.

Betriebsinterne Gegebenheiten können die Erfüllung von Gewinn-Gewinn-Vereinbarungen sehr erleichtern. Dazu gehören die strategische Planung, die Unternehmensstruktur und die Arbeitsgestaltung sowie Kommunikation, Budgetierung, Entlohnung, Informationssysteme, Personalauswahl und -einsatz, Training und Weiterbildung. Die Mitarbeiter sehen es außerdem immer als hilfreich an, wenn sie direkte Rückmeldungen erhalten, damit sie notwendige Korrekturen frühzeitig vornehmen können.

Dabei darf nie der zentrale Gedanke des Gewinn-Gewinn-Konzepts vergessen werden: Es darf keine Verlierer geben. Besonders im Hinblick auf das Entlohnungssystem wäre das fatal. Das Management darf nicht über Gewinn-Gewinn-Vereinbarungen reden, gleichzeitig aber Mitarbeiter belohnen, die in den Kategorien Sieg oder Niederlage denken. Ebensogut könnte man einer Pflanze »Wachse, wachse!« zuflüstern, dann aber die danebenstehende gießen.

Sämtliche Systeme innerhalb des Unternehmens müssen dem Gewinn-Gewinn-Prinzip Rechnung tragen. Es sollte sich in der Personalentwicklung und bei der Entlohnung, in der Arbeitsgestaltung, in der Unternehmensstruktur, in der strategischen Planung, bei der Festlegung der Unternehmensphilosophie sowie in allen taktischen Aktivitäten spiegeln.

Leistungsbeurteilung nach dem Gewinn-Gewinn-Konzept

Im Rahmen einer Gewinn-Gewinn-Vereinbarung beurteilen die Mitarbeiter sich selbst. Da sie genau wissen, was von ihnen erwartet wird und welchen Kriterien ihre Leistung genügen muß, haben sie die besten Voraussetzungen dafür, sich selbst zu beurteilen.

Nach der herkömmlichen Methode werden Mitarbeiter nach Ablauf eines festgelegten Zeitraums von ihrem Vorgesetzten beurteilt, der zu diesem Zweck auf mehr oder weniger subjektive Kriterien zurückgreift. Dabei läuft er natürlich Gefahr, den Beurteilten zu enttäuschen oder zu verletzen. Um das zu verhindern, verfaßt er eine möglichst vage und unverbindliche Beurteilung. Wenn Anforderungen und Pflichten nicht von vornherein klar umrissen sind, können Leistungsbeurteilungen deshalb schwierig, peinlich und manchmal sogar verletzend sein.

Der Manager muß die Rolle des Helfers und nicht des Richters einnehmen. Er kann sich als Teil der Ressourcen in der Gewinn-Gewinn-Vereinbarung sehen. Wenn seine Mitarbeiter neue Aufgaben und Verantwortungsbereiche übernehmen, steht er ihnen zur Seite, oder er berät sie in Fragen der Weiterbildung oder Karriereplanung. Er beteiligt seine Mitarbeiter an der Entwicklung der Gewinn-Gewinn-Vereinbarung und ermutigt sie zur Selbstbeurteilung, weil er weiß, daß niemand ihre Leistungen besser kennt als sie selbst.

In einem solchen Rahmen ist auch Platz für Veränderungen. Wenn sich neue Entwicklungen ergeben oder die Umstände sich verändern, kann ein flexibler Manager die Vereinbarung überdenken und neu formulieren.

Kompetenz und Charakter

Die oben beschriebenen vier Voraussetzungen können nur wirksam werden, wenn zwei weitere Bereiche optimal abgedeckt sind: Kompetenz und Charakter. Der Charakter ist definiert als das, was ein Mensch ist; seine Kompetenz umfaßt das, was er kann. Ohne Charakter und Kompetenz können die anderen vier Voraussetzungen nicht erfüllt werden. An ihnen entscheidet sich letztendlich, ob vertrauensvolle Beziehungen und Gewinn-Gewinn-Vereinbarungen etnwickelt werden können, ob das System der Hilfe und Unterstützung funktioniert und ob die Kontrolle und Beurteilung durch die Mitarbeiter selbst zum Erfolg führt.

In einer Kultur, in der wenig Vertrauen herrscht, ist es schwierig, gute Gewinn-Gewinn-Vereinbarungen zu treffen oder den Beschäftigten mehr Freiräume zu geben. Statt dessen sind Kontrollsysteme und externe Beurteilungsverfahren notwendig. Die vier besprochenen Bedingungen können nur in einem Klima des Vertrauens entstehen. Auf dieser Grundlage kann dann die Gewinn-Gewinn-Vereinbarung ausgearbeitet werden, aus der sich die anderen Bedingungen beinahe wie von selbst ergeben.

Die sechs Merkmale der Führungskräfte

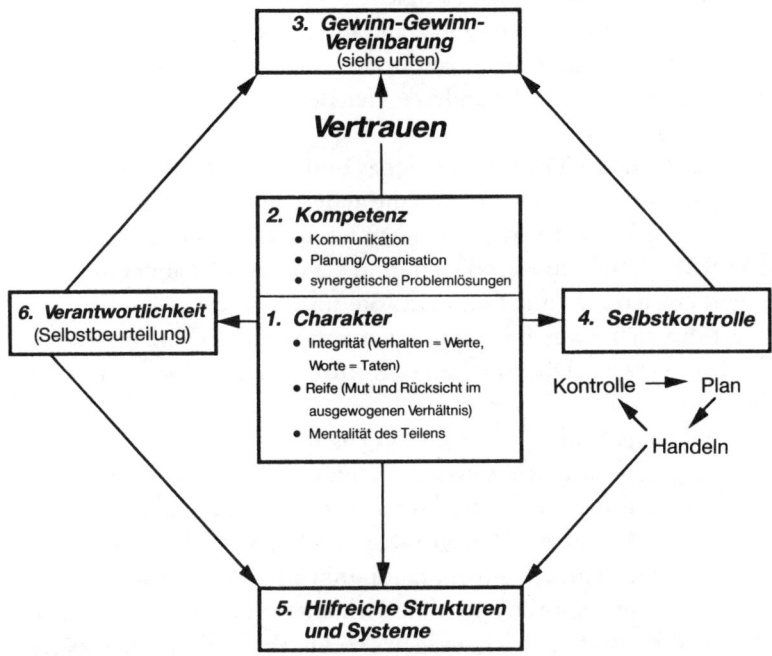

Gewinn-Gewinn-Vereinbarung – Psychologischer/sozialer Vertrag: Klare gegenseitig definierte Verpflichtungen und Erwartungen:
1. Angestrebte Ergebnisse: Überlappung von Unternehmensphilosophie/Strategie/ Zielen/Arbeitsgestaltung und Werten/Zielen/Bedürfnissen des Mitarbeiters – einschließlich Zeitvorgaben
2. Richtlinien: Politik, Grenzen, Initiative und wenige nötige Verfahrensvorgaben
3. Ressourcen: Personal, Budget, Struktur, System
4. Verantwortlichkeit: Leistungsniveau, Intervalle für Berichte, etc.
5. Konsequenzen: auf persönlicher und Unternehmensebene – finanzielle und psychologische (Aufstiegschancen, Prämien, Verantwortungsbereich, etc.)

Die folgenden Charaktereigenschaften spielen eine wichtige Rolle in Gewinn-Gewinn-Vereinbarungen: Integrität – Werte werden gelebt, auf Worte folgen Taten, Gefühle werden aufrichtig geäußert –, Reife – Mut gepaart mit Rücksichtnahme – und die Mentalität des Teilens – es ist genug für alle da. Mit diesen Eigenschaften kann man sich über den Erfolg und die Leistungen anderer Menschen uneingeschränkt freuen.

Die drei entscheidenden Fähigkeiten sind diejenigen zur Kommunikation, zur Planung und Organisation sowie zur synergetischen Problemlösung. Kompetenzen in diesen Bereichen befähigen eine Führungskraft dazu, die anderen vier Bedingungen der Effektivität zu entwickeln.

Wenn Menschen kein einheitliches Bild von sich selbst vermitteln, wenn sie eine Sache sagen, aber die andere praktizieren, oder wenn sie freundliche Worte mit jemandem wechseln, dann aber hinter seinem Rücken über ihn herziehen, findet eine subtile, aber um so vielsagendere Kommunikation statt. Sie unterminiert jedes Vertrauen und führt unausweichlich zu Gewinner-Verlierer-Vereinbarungen, die eine externe Überwachung, Kontrolle und Bewertung erfordern.

Diese sechs Bedingungen sind so eng miteinander verknüpft, daß sie sich gegenseitig beeinflussen. Nehmen Sie etwa das Persönlichkeitsmerkmal der Reife, das hier als »Mut gepaart mit Rücksicht« definiert ist. Wenn ein Manager sehr viel Mut hat, aber keine Rücksicht nimmt, kann er seinen Standpunkt klar zum Ausdruck bringen, aber zum Zuhören fehlt ihm wirkliches Einfühlungsvermögen. Damit verhindert er gleichzeitig das Gelingen der Gewinn-Gewinn-Vereinbarung. Er setzt seinen Willen durch im Glauben, er tue dies im Interesse aller Beteiligten. Er hält es nicht für nötig, seine Mitarbeiter dazu aufzufordern, ihre wahren Gefühle auszudrücken. Deshalb gelingt es ihm auch nicht, sie von innen heraus zu motivieren, so daß er immer ausgefeiltere Kontrollsysteme, Beurteilungsverfahren und Gehaltsstrukturen anwenden muß, um sie zum gewünschten Verhalten zu bringen.

Der umgekehrte Fall – kein Mut, aber viel Rücksichtnahme – trifft oft dann ein, wenn jemand ein ausgeprägtes Bedürfnis hat, angenommen zu werden und beliebt zu sein. Auch ein solcher Manager wird wahrscheinlich eine psychologische Gewinner-Verlierer-Vereinbarung schließen, die letztendlich das Vertrauen unterminiert. Häufig begünstigen solche Vereinbarungen die Entstehung einer permissiven Kultur in unterschiedlicher Ausprägung. Letztendlich führt dies ein Unternehmen ins Chaos. Die Mitarbeiter wählen die bequemste Lösung und schieben die Verantwortung für schlechte Leistungen oder Ergebnisse von sich, oder sie fangen an, überzogene Forderungen zu stellen. Das verstärkt den Druck auf das Management, noch mehr Kontrolle auszuüben, weil es ums Überleben kämpft und noch einen Anschein von Ordnung aufrechterhalten will. Anarchie legt bekanntermaßen den Keim für Diktaturen.

Ergebnisse

Um die Auswirkungen von Gewinn-Gewinn-Vereinbarungen auf die Effektivität von Unternehmen zu illustrieren, will ich eine Erfahrung beschreiben, die ich als Mitglied eines Beraterteams gemacht habe. Wir wurden von einer großen Bank, die Hunderte von Filialen hatte, beauftragt, Möglichkeiten zur Verbesserung der Unternehmensstruktur aufzuzeigen. Die Bank hatte eine dreiviertel Million Dollar bereitgestellt, um den Führungsnachwuchs durch ein sechsmonatiges Trainingsprogramm zu schleusen.

Das Programm war für Hochschulabgänger bestimmt, die eine Reihe von Aufgabenfeldern kennenlernen und im Zwei-Wochen-Rhythmus die Abteilungen durchlaufen sollten. Nach sechs Monaten sollten sie dann einer Filiale zugewiesen werden und dort eine geeignete Führungsposition besetzen. Die Geschäftsleitung beauftragte uns damit, das gesamte Programm zu analysieren und zu verbessern.

Unser erster Schritt bestand darin, die Frage nach den Zielen zu stellen. Wir wollten herausfinden, ob die für die Planung verantwortlichen Manager eigentlich wußten, welche Anforderungen ihr Programm im einzelnen erfüllen sollte. Dies war nicht der Fall. Wir stellten fest, daß sie sehr allgemeine, vage Erwartungen stellten und daß die Top-Manager der Bank sich nicht über die Ziele und Prioritäten des Programms einig waren.

Wir bestanden darauf, daß sie gemeinsam formulierten, welche Fähigkeiten die Trainees nach Ablauf des Trainings haben mußten, um die ihnen zugedachten Nachwuchspositionen übernehmen zu können. Die Manager nannten etwa vierzig Ziele.

Der nächste Schritt bestand nun darin, den Trainees diese Ziele zu vermitteln. Die angehenden Führungskräfte waren außergewöhnlich motiviert, weil man ihnen die Chance bot, schnell in eine Führungsposition zu gelangen. Deshalb waren sie uneingeschränkt bereit, die formulierten Ziele zu verinnerlichen und alles, was in ihren Kräften stand, zu tun, um sie zu erreichen.

Sie wußten also, was man von ihnen erwartete und nach welchen Kriterien sie beurteilt wurden. Sie wußten, welche Ressourcen ihnen zur Verfügung standen, von der Fachliteratur über Besuche bei Abteilungsleitern bis hin zu externen Lehrinstituten. Nicht zuletzt war ihnen klar, daß eine Führungsposition winkte, sobald sie ihre Kompetenz in den vierzig Bereichen unter Beweis gestellt hatten.

Tatsächlich erwiesen sich die Trainees als so motiviert, daß sie die Ziele in durchschnittlich dreieinhalb Wochen erreichten.

Dies versetzte die meisten Manager in Erstaunen. Manche konnten es kaum glauben. Sie überprüften die Ziele und Kriterien und kontrollierten die Ergebnisse, um sich zu vergewissern, daß die Trainees auch wirklich alle Anforderungen erfüllten. Einige meinten, daß dreieinhalb Wochen einfach nicht ausreichen könnten, um die Trainees auf verantwortungsvolle Aufgaben vorzubereiten.

Schließlich erklärten wir uns damit einverstanden, sechs weitere Ziele festzulegen, um unseren Erfolg noch eindeutiger unter Beweis zu stellen. Die Manager stimmten uns zu, daß die Trainees eine bessere Ausbildung als alle anderen erhalten hätten, wenn sie auch diese zusätzlichen Anforderungen erfüllen könnten.

Wir informierten die Trainees über die sechs neuen Ziele. Mittlerweile hatten sie schon ein Stadium erreicht, in dem sie sich selbst überwachen durften. Sie entwickelten beachtliche Energien und Fähigkeiten und erfüllten die neuen Kriterien fast ausnahmslos innerhalb einer Woche.

Mit anderen Worten: Dank der Gewinn-Gewinn-Vereinbarung konnte das Sechsmonatsprogramm bei besseren Ergebnissen auf nur fünf Wochen reduziert werden.

Die positiven Effekte von Gewinn-Gewinn-Vereinbarungen gelten nicht nur für den Trainingssektor, sondern auch für viele andere Managementbereiche. Diese Erfahrung machten auch viele Manager der Bank. Andere jedoch taten sich schwer damit, weil sie fanden, daß man sich eine Beförderung nicht in so kurzer Zeit verdienen könne. An den Ergebnissen, die wir erzielt hatten, war jedoch nichts zu rütteln.

Letztendlich aber geht es um nichts anderes bei Gewinn-Gewinn-Vereinbarungen: Es sollen Ergebnisse erzielt werden.

Der Managerbrief

Der Unternehmensberater Peter Drucker entwickelte vor vielen Jahren den Managerbrief. Er schlug vor, daß die Mitarbeiter die Ergebnisse, die sie erreichen wollten, Richtlinien, Ressourcen, Verantwortlichkeit und Konsequenzen schriftlich formulieren und ihrem Vorgesetzten vorlegen sollten.

Ich arbeite nun schon seit Jahren mit diesem Konzept. Ich habe es in Beratungen und Trainings ebenso eingesetzt wie beim Aufbau und der Führung meines eigenen Unternehmens, in der Arbeit mit den Studenten der Brigham Young University ebenso wie in meiner Familie. Ich bin fest davon überzeugt, daß wir die sechs Bedingungen der Effektivität erfüllen müssen, wenn wir wirklich mehr Produktivität wollen.

Ich weiß, daß das nicht einfach ist. Der vor uns liegende Weg erfordert Zeit und Geduld – wir können keine Blumen ausreißen, um zu sehen, ob ihre Wurzeln wachsen. Gewinn-Gewinn-Vereinbarungen lassen sich nicht über Nacht schließen. Ihre Ausarbeitung erfordert Reife, Disziplin, Beständigkeit und Kraft. Aus meiner eigenen Erfahrung weiß ich, daß Defizite sich sofort negativ niederschlagen.

Wir haben aber die Möglichkeit, mit kleinen Dingen anzufangen und kleine Erfolge zu erzielen, bis unser Vertrauen in das Gesamt-

konzept allmählich wächst. Dann können wir größere Verantwortungsbereiche in Angriff nehmen. Wenn Ihre Mitarbeiter die Mühe
scheuen, die Elemente einer Gewinn-Gewinn-Vereinbarung schriftlich festzuhalten, könnten Sie das selbst übernehmen und sich danach vergewissern, ob sie Ihre Sicht teilen. Zumindest jedoch sollten
Sie gewährleisten, daß die wichtigsten Voraussetzungen mündlich
geklärt werden. Treffen Sie auch Vorkehrungen für den Fall, daß
Veränderungen eintreten.

Auch Einstellungen sind wichtig. Grundsätzlich fragt der Manager: »Wohin gehen wir?«, »Wohin möchten Sie gehen?« oder »Was
sind Ihre Ziele, und wie kann ich Ihnen helfen?«

Ich selbst habe diese Führungseinstellung vor vielen Jahren durch
einen Manager kennengelernt, der die Aufgabe hatte, mich einzuar-
beiten. Sein Benehmen vermittelte unaufhörlich: »Was möchten Sie
erreichen, und wie kann ich Ihnen dabei behilflich sein?« Seine Aufrichtigkeit und sein Glaube an mein Potential haben mir Kraft gegeben, meine Fähigkeiten zu entdecken und sinnvoll zu nutzen. Ich
wußte, daß er jederzeit für mich da war.

Ich bin auch zu der Überzeugung gelangt, daß das Bild, das wir
uns von einem Menschen machen, irgendwann zur Realität wird.
Wir bemühen uns um Beweise, die unsere Ansicht untermauern sollen. Ebenso verhält es sich mit dem umfassenden Menschenbild: Wir
entdecken immer wieder neue Beweise für seine Richtigkeit, bis wir
uns seiner völlig sicher sind.

Kapitel 15

Das Management von Erwartungen

Wir alle haben bestimmte Erwartungen im Hinterkopf, wenn wir in eine neue Firma eintreten, eine Beziehung beginnen oder vor anderen unbekannten Situationen stehen. Zu den Hauptursachen für zwischenmenschliche Schwierigkeiten in Familien und Unternehmen gehören vage, zweideutige oder unerfüllte Erwartungen. Widerstreitende Erwartungen über Rollen und Ziele können Konflikte schüren und Beziehungen schwer belasten.

Widerstreitende Erwartungen

Widerstreitende Erwartungen können in folgenden Bereichen zu Problemen führen:

• *Unternehmensfusionen.* Roger Smith bei General Motors und Ross Perot bei Electronic Data Systems mußten die schmerzhafte Erfahrung machen, daß ihre unterschiedlichen Unternehmenskulturen sich nicht so einfach unter einen Hut bringen ließen, wie sie gedacht hatten. Ross Perot, der sein Unternehmen an General Motors verkaufte, machte sich im Vorstand des Konzerns voller Elan an die Aufgabe, die Führungsebenen auszudünnen und Privilegien der Führungskräfte abzuschaffen. Dabei war er sich jedoch offensichtlich nicht bewußt, daß bestimmte Merkmale der Unternehmenskultur von General Motors so verwurzelt waren, daß sie sich nicht einfach über Nacht beseitigen ließen. Veränderungen lassen sich nun einmal nicht übers Knie brechen, auch nicht mit Beraterhilfe. Sie müssen mit viel Geschick und Kommunikationstalent herbeigeführt werden. Leider mißlingt die Kommunikation oft gerade im Bereich der Unternehmensfusionen, weil die Beteiligten nicht aufeinander eingehen. Die Spielregeln verlangen, daß sie ihre Interessen um jeden Preis verteidigen, weil sie sonst als Verlierer dastünden.

• *Ehe.* Früher war es nicht üblich, Erwartungen an Ehe und Partnerschaft und die daraus entstehenden Probleme so offen wie heute zur Sprache zu bringen. Trotzdem sind die Rollenverhältnisse noch lange nicht ausdiskutiert. Wenn etwa ein junger Mann aus konservativer Familie in der Ehe stillschweigend erwartet: »Ich verdiene die Brötchen, und du ziehst die Kinder auf«, kann es ein böses Erwachen geben. Junge wie alte Paare kämpfen mit gegensätzlichen Rollenerwartungen. Viele Frauen wollen auf eine berufliche Karriere nicht verzichten, was in einer Gesellschaft, die für Hausfrauen wenig Anerkennung und Bestärkung übrig hat, kaum verwundert.

• *Schulbildung.* Jede Interessengruppe sieht die Frage der Erziehung nur durch ihre Brille, jede setzt andere Prioritäten und schlägt andere Lösungen vor. Beispielsweise wird immer häufiger die Frage diskutiert, ob Schulen auch eine charakterliche Erziehung anbieten sollten, weil dies mit dem zunehmenden Zerfall der alten Familienstrukturen immer dringlicher werde.

• *Eltern-Kind-Beziehungen.* Unterschiedliche Erwartungen von Eltern und Kindern prallen besonders heftig in der Pubertät aufeinander. Die beiden Seiten haben unterschiedliche Vorstellungen über ihre Rollen, die sich im Laufe der Zeit und mit zunehmender Reife auch verändern können.

• *Beziehungen zum Staat.* Hat der Staat die Aufgabe, Gutes zu tun, oder ist es seine Aufgabe, die Menschen davon abzuhalten, Schlechtes zu tun? Die Beantwortung dieser Frage kann sich bis ins Berufsleben auswirken und zu Konflikten, Enttäuschung und Verbitterung führen.

• *Einstellung und Beförderung.* Neue Mitarbeiter und ihre Arbeitgeber haben allzuoft unterschiedliche Erwartungen. Während der

Probezeit bestehen noch gute Chancen, sich darüber klar zu werden und eventuell Veränderungen auszuhandeln. In dieser Zeit sind alle Beteiligten noch offen und gesprächsbereit.

Die Ungerechtigkeit eines Systems zeigt sich am deutlichsten an Entscheidungen über Einstellungen und Beförderungen. Wenn das Gehalt eines neuen Mitarbeiters höher als das seiner Kollegen ausfällt, fragen diese natürlich: »Warum bekommt er mehr? Ich arbeite doch schon viel länger hier!« Die verantwortlichen Manager müssen sich über die Konsequenzen eines solchen Konflikts klar sein: Das Vertrauen schwindet, die Mitarbeiter fangen an, ihre Energie in andere Tätigkeiten als die Arbeit zu stecken, und sie werden zu Nörglern und Pessimisten.

• *Abteilungsübergreifende Projekte.* Mit widerstreitenden Erwartungen ist immer dann zu rechnen, wenn Mitglieder verschiedener Abteilungen aufeinandertreffen, etwa bei der Arbeit in gemeinsamen Projekten. Es läßt sich nicht vermeiden, daß viele dieser Erwartungen unerfüllt bleiben.

• *Kundenbeziehungen.* Erfahrene Manager in Produktions- und Dienstleistungsunternehmen wissen, wie schwierig es ist, Kunden zu betreuen, die mehr erwarten, als das Unternehmen bieten kann. Sie nutzen deshalb Kundeninformationssysteme und versuchen, sich mit ihrer Hilfe so früh wie möglich auf neue Erwartungen einzustellen.

Sie versuchen, sich in ihre Kunden einzufühlen: »Was denken sie?«, »Was erwarten sie von uns?«, »Welchen Service erwarten sie nach dem Geschäftsabschluß?«, »Welche Art von sozialer Beziehung wünschen sie sich?« Wenn diesem Prozeß keine Aufmerksamkeit geschenkt wird, sind die Kunden enttäuscht und desillusioniert – und irgendwann gehen sie zur Konkurrenz.

• *Konflikte in den Innen- und Außenbeziehungen des Unternehmens.* Am Erfolg eines Unternehmens sind die unterschiedlichsten Gruppen beteiligt: Angestellte, Zulieferer, Kunden, Aktionäre, die Öffentlichkeit und andere. Jede Gruppe hat ihre eigenen Interessen, und die daraus resultierenden Konflikte können ein Unternehmen gefährden und zu Fehlentscheidungen veranlassen.

Das Problem: Unausgesprochene Erwartungen

Erwartungen sind Hoffnungen und Wünsche, die wir für unsere Ehe, die Familie oder das Berufsleben haben. Sie sind unter anderem auch das Produkt früherer Erfahrungen und vorangegangener Beziehungen. Sie beruhen nicht in jedem Fall auf der Realität, sie können aus den Medien aufgegriffen werden oder der Phantasie entspringen.

Erwartung und Realität sind zwei Paar Schuhe. Eine Erwartungshaltung meint eher einen »Soll«- denn einen »Ist«- Zustand. Trotzdem sind viele Menschen überzeugt, daß das gerade bei ihnen nicht der Fall ist: »Meine Sichtweise stimmt – deine ist falsch«.

Unausgesprochene Erwartungen – implizite Bedürfnisse und Wünsche – spielen auch eine Rolle, wenn wir eine Beziehung eingehen, in einem Unternehmen arbeiten oder als Kunden auftreten. Im Geschäft erwarten wir stillschweigend eine höfliche und kompetente Bedienung. Wenn diese Erwartung nicht erfüllt wird, gehen wir zur Konkurrenz und hoffen, daß man dort kundenorientierter ist und besser auf unsere Wünsche und Bedürfnisse eingeht.

Erfahrene Manager achten darauf, ihren Standort nach außen hin klar zu bestimmen. Sie machen deutlich, was der Kunde von ihnen erwarten kann, damit dieser die Möglichkeit hat zu sagen: »Das verstehe ich, und damit bin ich einverstanden«, oder »In diesem Punkt stimme ich Ihnen zu, aber in jenem schlage ich vor, daß meine Wünsche auf andere Art und Weise berücksichtigt werden.« Sie legen ihre Ziele, ihre Ressourcen und deren Verwendungsmöglichkeiten offen dar.

Die Lösung: Die Leistungsvereinbarung

Die Lösung für das Problem der gegensätzlichen Erwartungen liegt im Instrument der Leistungsvereinbarung. Sie bietet Vorgesetzten und Mitarbeitern einen denkbar günstigen Rahmen, um Erwartungen zu formulieren und sie gegebenenfalls aufeinander abzustimmen.

Leistungsvereinbarungen werden getroffen, um Erwartungen über Rollen und Ziele für beide Seiten befriedigend zu klären. Wenn es dem Management gelingt, mit Mitarbeitern und Mitarbeiterteams eine Leistungsvereinbarung zu treffen, hat es schon viele seiner Probleme gelöst.

Die Beteiligten bauen gegenseitiges Vertrauen auf, hören einander zu, reagieren spontan und aufrichtig, lösen Probleme synergetisch und lernen vom anderen, kurz: Sie streben eine Gewinn-Gewinn-Vereinbarung an. All dies ist möglich, weil die zugrundeliegenden Erwartungen ausgesprochen und aufeinander abgestimmt wurden.

Eine Leistungsvereinbarung hat drei Bestandteile: das Fundament, bestehend aus Vertrauen und Kommunikation, einen Inhalt, bestehend aus fünf Elementen sowie ein System, das ihre Durchführung unterstützt.

• *Vertrauen*. Jeder Mitarbeiter hat insgeheim viele Erwartungen, die er aber nur dann äußert, wenn er sich sicher genug fühlt: Er benötigt ein Klima des Vertrauens. Vertrauen ist eine Voraussetzung für jede gute Leistungsvereinbarung und verlangt Glaubwürdigkeit: Ihre Mitarbeiter müssen wissen, daß Sie ihre Leistungen würdigen.

Wo jedoch das Vertrauen unterminiert und damit auch jeder Respekt verspielt wurde, ist es schwierig, Leistungsvereinbarungen nach dem Gewinn-Gewinn-Prinzip zu erarbeiten – die Basis fehlt. Unternehmen oder Abteilungen haben aber immer die Möglichkeit, wieder von vorne anzufangen, allmählich neues Vertrauen zu schaffen und in kleinen Schritten auf Vereinbarungen hinzuarbeiten. Selbst wenn am Anfang nur ein Kompromiß steht – beim nächsten Mal können Sie schon eine Stufe weitergehen und synergetische Lösungen erarbeiten.

Die Leistungsvereinbarung sollte immer offen und verhandelbar bleiben, für jede Partei und zu jeder Zeit. Neue Entwicklungen können es erforderlich machen, daß der Kommunikationsprozeß wieder in Gang gesetzt und die Vereinbarung verändert wird. Natürlich gibt es Prinzipien, über die sich nicht verhandeln läßt, doch die meisten

Bestandteile der Vereinbarung können an neue Gegebenheiten angepaßt werden.

• *Kommunikation.* Die zweite Voraussetzung ist die Kommunikation. Zu ihrer wichtigsten Funktion in diesem Zusammenhang gehört es, die Wirklichkeit zu überprüfen: »Ich wußte nicht, daß Sie das so empfunden haben. Sie haben also von mir erwartet, daß ich den ersten Schritt mache? Dann will ich Ihnen sagen, wie ich die Sache gesehen habe.«

Es handelt sich dabei um eine horizontale Kommunikation zwischen Gleichberechtigten: »Ich habe auf Ihre Initiative gezählt. Ich habe doch darauf gewartet: Nachdem ich erfahren habe, wie Sie die Sache sehen, werde ich das nächste Mal genauere Anweisungen geben.«

Ein solcher Dialog dient dazu, Erwartungen zu klären, die am Arbeitsplatz wichtig sind. Leider scheint es in manchen Unternehmen fast unerwünscht zu sein, über Erwartungen zu sprechen, auch wenn dies in informellen Gesprächen natürlich trotzdem geschieht: »Wie sieht es denn aus bei Ihnen? Womit sind Sie gerade befaßt?«

Ich empfehle einen Kommunikationsprozeß, wie ihn Roger Fisher und William Ury in ihrem Buch *Getting to Yes* beschreiben. Auch sie betonen, wie wichtig es ist, daß Erwartungen explizit gemacht werden und Vereinbarungen beiden Seiten Vorteile bringen müssen. Dabei gelten vier grundlegende Gebote:

• Trennen Sie zwischen Mensch und Problem.
• Vertreten Sie Interessen, nicht Positionen.
• Suchen Sie Optionen, die beiden Seiten nutzen.
• Bestehen Sie auf objektiven Kriterien.

Der Verhandlungsprozeß nach dem Gewinn-Gewinn-Prinzip erfordert Einfühlungsvermögen und die Fähigkeit, zuerst den anderen zu verstehen und sich selbst einmal zurückzunehmen. Jeder Mensch hat Fragen und Probleme, die ihm unter den Nägeln brennen und den Wunsch in ihm zu wecken, zuerst verstanden zu werden.

Die Interessen eines anderen zu respektieren bedeutet, daß Sie herausfinden müssen, wo seine Wünsche und Bedürfnisse liegen, was seiner Entwicklung und seinem Glück dient. Sie können nicht davon ausgehen, daß Sie wissen, was am besten für ihn ist. Nutzen Sie statt dessen Ihr Einfühlungsvermögen, und treffen Sie auf der Grundlage Ihrer Erkenntnisse eine sinnvolle Vereinbarung.

Auch die Teamentwicklung schlägt fehl, wenn Erwartungen über Rollen und Ziele nicht geklärt werden. Schließlich müssen verschiedene Gruppen unter einen Hut gebracht werden – Verkäufer, Mitarbeiter aus der Produktion, Einkäufer und viele andere mehr. Sie benötigen eine unbelastete Atmosphäre, um ihre Erwartungen über Rollen und Ziele offen diskutieren zu können.

Solche Interaktionen führen oft zu verblüffenden Ergebnissen. Oft hört man: »Das wußte ich nicht. Ich dachte, Sie hätten das anders gemeint. Kein Wunder, daß Sie diesen Eindruck gewonnen haben!«

Ein solcher Prozeß hat geradezu therapeutische Wirkung und befreit die Beteiligten von unnötigem Druck: »Endlich ist das auf dem Tisch.« Erst wenn wir unsere unterschiedlichen Positionen kennen, können wir anfangen zu verhandeln.

Grundsätze für die Leistungsvereinbarung nach dem Gewinn-Gewinn-Prinzip

Bei Leistungsvereinbarungen nach dem Gewinn-Gewinn-Prinzip sind folgende Grundsätze zu beachten:

- *Machen Sie deutlich, welche Resultate Sie erwarten, aber überlassen Sie die Wahl der Mittel dem Ausführenden.* Andernfalls verzetteln Sie sich in Details, und Ihr Einflußbereich schrumpft.
- *Seien Sie standhaft, was die allgemeinen Richtlinien angeht, aber flexibel bei deren Umsetzung.* Veränderte Umstände können schließlich nur mit Flexibilität und Eigeninitiative gemeistert werden.
- *Informieren Sie Ihre Mitarbeiter über alle verfügbaren Ressourcen* im Unternehmen und über externe Hilfsmöglichkeiten.
- *Erarbeiten Sie Maßstäbe und Leistungskriterien* immer gemeinsam mit Ihren Mitarbeitern.

- *Nutzen Sie Ihre Urteilskraft*, die es Ihnen besser als die sogenannten objektiven oder quantitativen Bewertungsverfahren ermöglicht, Leistungen zu bewerten.

- *Machen Sie deutlich, welche positiven und negativen Konsequenzen zu erwarten sind*, wenn die vereinbarten Ziele erreicht oder verfehlt werden.

- *Achten Sie darauf, daß die Leistungsvereinbarung durch die Strukturen und Systeme des Unternehmens unterstützt wird*, damit sie dauerhaften Bestand hat.

Von der Kontrolle zum Freiraum

Eine Leistungsvereinbarung nach dem Gewinn-Gewinn-Prinzip ist viel mehr als nur eine Arbeitsplatzbeschreibung. Die meisten Unternehmen verfügen über Arbeitsplatzbeschreibungen, in denen festgelegt wird, welche Aufgaben zu einer Stelle gehören und welchen Anforderungen der Mitarbeiter genügen muß. Die meisten dieser Beschreibungen sind eindeutig formuliert. Die Leistungsvereinbarung jedoch geht weit darüber hinaus. Sie integriert Erwartungen in einen Gewinn-Gewinn-Vertrag, der auf Synergie beruht.

Kaum eine der üblichen Arbeitsplatzbeschreibungen behandelt die Frage, inwieweit auch der Mitarbeiter von ihr profitiert. Er hat einzig den Vorteil einer festen Stelle und eines geregelten Einkommens. Weitere Bedürfnisse werden in einer Arbeitsplatzbeschreibung nicht behandelt – weder psychische noch intellektuelle noch soziale.

Im Zentrum einer Arbeitsplatzbeschreibung stehen meist Methoden und Kontrollverfahren. Eine Leistungsvereinbarung dagegen versetzt die Mitarbeiter im Idealfall in die Lage, Eigenkontrolle auszuüben. Dies wird möglich, wenn sie von der Bedeutung ihrer Ziele so überzeugt sind, daß sie sagen: »Ich verstehe, was von mir erwartet wird, und ich werde mich nach Kräften bemühen, meine Aufgabe zu erfüllen, weil auch ich davon profitiere.«

Der Schwerpunkt im Management liegt also nicht darauf, mehr Kontrolle zu gewinnen, sondern mehr Freiräume zu schaffen. Der

Grund, warum die meisten Unternehmen solche Freiräume nicht gewähren, liegt darin, daß keine Leistungsvereinbarungen nach dem Gewinn-Gewinn-Prinzip getroffen werden.

In einem Unternehmen, in dem es nicht üblich ist, über Erwartungen im Rahmen von Leistungsvereinbarungen zu sprechen, können zwar auch einzelne Manager die Initiative ergreifen. Sie müssen sich aber der Tatsache bewußt sein, daß sie nicht einfach eine beliebige Leistungsvereinbarung ausarbeiten können. Schließlich geht in eine Leistungsvereinbarung immer die gesamte Kultur des Unternehmens ein.

Ein guter Manager würde deshalb sagen: »Wir müssen uns klarmachen, was für eine Kultur wir haben, wo wir stehen und wie der herrschende Wille aussieht.« Ein sozialer Vertrag ist wirkungsvoller als ein psychologischer Vertrag, wobei die Kultur letztendlich nichts weiter als die Summe einzelner sozialer Verträge ist. Was wir »gemeinsame Werte« nennen, ist lediglich der Ausdruck stillschweigend akzeptierter Normen: »Bei uns ist das so üblich.«

Der Abschluß von Leistungsvereinbarungen, in welche die Erwartungen aller Beteiligten eingehen, gehört jedenfalls zu den Dingen, von denen man immer sagen sollte: »Das ist bei uns so üblich.«

Kapitel 16
Mehr Mitarbeiter-Autonomie

Wir werden nicht selten von Unternehmen um Rat gebeten, die finden, daß ihre Mitarbeiter viel zu viel Zeit in Besprechungen und Ausschüssen verbringen. Mein Rat an das Management lautet in diesen Fällen, einen bewährten Weg zu gehen und das »Autonomie-Modell« anzuwenden.

Effektives Personal-Management beginnt mit effektiver Delegation: Zeit und Fähigkeiten sollen optimal genutzt werden. Häufig delegieren wir nur, weil wir keine andere Wahl haben – die Arbeit wächst uns nämlich über den Kopf.

Die Kunst des Delegierens muß erlernt werden. Viele völlig überlastete Führungskräfte nehmen sich nicht die notwendige Zeit, um Zusammenhänge zu erklären, Mitarbeiter zu überzeugen und sie anzuleiten. Die folgende Aussage eines Managers ist typisch: »Es kostet mich weniger Zeit, die Arbeit selbst zu tun als sie zu erklären. Außerdem kann ich es sowieso besser.« Durch eine solche Einstellung steigt seine Belastung jedoch unaufhörlich, bis er schließlich gar keine Zeit mehr hat, um seine Mitarbeiter anzuleiten.

Menschen und Unternehmen können sich ohne Delegation nicht entwickeln. Es werden Freiräume benötigt, die ein selbständiges Handeln ermöglichen. Ohne diese Voraussetzung bleiben die Mitarbeiter immer an dem Punkt stehen, an dem auch die Kapazität des Vorgesetzten ausgeschöpft ist.

Effektive Manager verknüpfen das Delegieren mit Leistungsvereinbarungen nach dem Gewinn-Gewinn-Konzept. Das Autonomie-Modell leistet ihnen dabei eine wichtige Hilfe.

Das Prinzip: Kein Entkommen

Das Autonomie-Modell zählt zu den besten Ideen, die ein ansonsten straff organisiertes und autoritär geprägtes Management-Modell hervorgebracht hat. Dem Konzept liegt der Gedanke zugrunde, daß Mitarbeiter einen Problembereich in seiner Gesamtheit und nicht nur in einzelnen Teilaspekten durchdenken sollen. Sie beschäftigen sich eingehend mit einer Aufgabe, arbeiten eigenständig Lösungsalternativen aus, zeigen deren jeweilige Konsequenzen auf und geben dann eine Handlungsempfehlung ab.

Sinn dieser Technik ist es, sämtliche Fähigkeiten der Mitarbeiter zur Entfaltung zu bringen und nicht nur einen kleinen Teil davon. Da sie wissen, daß ihre Empfehlungen endgültig sind, setzen sie all ihre Kräfte daran, gute Arbeit zu leisten. Wenn der Manager einem empfohlenen Aktionsplan zustimmt, ist der Weg schon frei zu seiner Umsetzung. Abgesehen von der Zeitersparnis hat diese Technik den Vorteil, daß sie der weit verbreiteten Praxis ein Ende setzt, sich durch die Flucht in endlose Gruppendiskussionen der Verantwortung zu entziehen.

Häufig ist es nämlich so, daß Mitarbeiter in Entscheidungsfindungsprozessen, die in Gruppen erfolgen, einfach nicht ihr Bestes geben. Sie ziehen den Weg des geringsten Widerstandes vor und sprechen über Ideen und Vorschläge, die nie richtig durchdacht wurden.

Der effektive Manager dagegen sorgt dafür, daß seine Mitarbeiter den anstehenden Problemen und Fragen auf den Grund gehen und erst danach eine endgültige Empfehlung abgeben. In der Regel wird er sich in diesen Prozeß nicht einschalten und keine schnellen Antworten geben, auch wenn er dazu gedrängt wird. Er betrügt seine Mitarbeiter nämlich nicht um ihre Entwicklungschancen und profitiert gleichzeitig von der zeitlichen Entlastung, die ihm dieses Verfahren verschafft. Außerdem weiß er, daß es völlig unproduktiv wäre, den Mitarbeitern zuerst Verantwortung zu übertragen und sie ihnen dann wieder abzunehmen.

Hier muß eine Führungskraft also Klugheit walten lassen. Das Autonomie-Konzept ist kein Allheilmittel, und es ist auch nicht in

allen Situationen angebracht. Manchmal – vor allem in der Anfangs-
zeit eines Projekts – führt Brainstorming zu guten Ergebnissen. Ein
anderes Mal ist es besser, durch Synergie zu einem Konsens zu finden.

Grundsätzlich bleibt festzuhalten, daß Mitarbeiter sich eingehend
mit einem Problem befaßt haben sollten, bevor sie in eine Besprechung gehen. Damit schützen sie sich und andere vor unausgegore-
nen Ideen und unangenehmen Überraschungen.

Gute Leistungen durch hohe Ansprüche

Henry Kissinger stellte als Außenminister an seine Mitarbeiter
höchste Ansprüche. Auch er verlangte, daß sie ihm Empfehlungen
vorlegten, die Hand und Fuß hatten. Wenn sie ihm ein Arbeitspapier
vorlegten, ließ er es zwei Tage unbesehen liegen, um dann die Frage
zu stellen: »Ist dies schon die beste Lösung, die Sie mir anbieten können?«

Seine Mitarbeiter erwiderten dann: »Nein. Einige Aspekte müßten noch etwas näher beleuchtet werden; wir sollten auch mehr Informationen beschaffen, weitere Alternativen ausarbeiten und die
Folgen für den Fall benennen, daß unsere Empfehlung nicht befolgt
wird.« Darauf meinte Kissinger: »Dann tun Sie das.« Seine Mitarbeiter legten ihren Bericht dann ein zweites Mal vor. Das Spiel wie-
derholte sich. »Ist dies schon die beste Lösung, die Sie mir anbieten
können?«, fragte er nochmals.

Meistens kennt man ja die Mängel der eigenen Arbeit. Im Autonomie-Konzept wird dieser Tatsache Rechnung getragen. Der Mitarbeiter ist verantwortlich dafür, solche Mängel selbst zu benennen
und zu korrigieren. Auch Kissingers Mitarbeiter wußten stets, wo
ihre Arbeit noch nachgebessert werden mußte.

Sie legten ihre Vorschläge dann ein drittes Mal vor. Wieder stellte
Kissinger die Frage: »Ist das die beste Lösung, die Sie mir anbieten können? Lautet so Ihre endgültige Empfehlung? Kann noch
etwas verbessert werden?« Sie antworteten: »Wir sind zufrieden
damit, wenn man davon absieht, daß die Sprache noch etwas ge-

strafft und die Präsentation etwas ansprechender gestaltet werden könnte.«

Sie bearbeiteten den Bericht also nochmals, legten ihn wieder vor und sagten:»Das ist die beste Lösung, die wir finden konnten. Wir haben sie sorgfältig durchdacht, wir haben die Alternativen ausgearbeitet, die Konsequenzen dargelegt und die Empfehlungen formuliert. Wir haben auch den Aktionsplan in allen Einzelheiten dargestellt und ihn in seine endgültige Fassung gebracht. Jetzt sind wir überzeugt, daß wir ihn mit dem besten Gewissen vorlegen können.« Kissinger sagte dann:»Gut, dann werde ich ihn jetzt lesen.«

Diese Geschichte illustriert, daß es Mitarbeitern oft wichtiger sein kann, sich selbst Zeit und Mühe zu sparen als ihrem Vorgesetzten. Dabei ist seine Zeit viel kostbarer – um so mehr Grund für ihn, seine Mitarbeiter zu Spitzenleistungen zu motivieren.

Sonys Mini-CD-Player

Die Markteinführung von Laser-CD-Playern durch Sony verlief zunächst schleppend. Als dann aber das erste erfolgreiche Produkt den Markt eroberte, konnte die Konkurrenz weit zurückgeschlagen werden. Der Mann, der für diesen Erfolg verantwortlich ist, heißt Kozo Ohsone. Er ist ein Manager mit starker Kundenorientierung, der schon einen wesentlichen Anteil an der Entwicklung des Walkmans gehabt hat.

Ohsone ging eines Tages in sein Labor, schnitt ein Holzstück in der Größe einer CD zu und zeigte es seinen Technikern. Weil er nicht wollte, daß sich das Management zu früh mit ungebetenen Ratschlägen einschaltete, bat Ohsone seine Techniker, die Neuentwicklung im Labor geheimzuhalten. Als nächstes holte er sich einige Produktdesigner, die ihm bei der Konstruktion halfen. Die Geräte sollten nämlich sehr klein werden, so daß bei jedem Schritt überprüft werden mußte, ob ihre auf engstem Raum untergebrachten Schaltkreise überhaupt zur Massenproduktion durch Roboter tauglich waren.

Ohsone machte seinen Leuten deutlich, daß er die Frage »Warum diese Größe?« nicht beantworten wollte. Die Techniker und Designer mußten sich wohl oder übel damit abfinden, und sie führten das Projekt nach Ohsones Anweisungen durch. Dieser Mini-CD-Player hatte schließlich ein Zwanzigstel der Größe des ursprünglichen Geräts, kostete nur ein Drittel so viel und eroberte den Markt im Sturm.

Die Verwirklichung des Autonomie-Konzeptes

Es empfiehlt sich, das Autonomie-Konzept in fünf Schritten durchzuführen.

• *Erstens: Machen Sie deutlich, welche Anforderungen Sie stellen*, bevor Sie den psychologischen Vertrag schließen. Denken Sie an die Beispiele von Kissinger und Ohsone. Erst wenn die Erwartungen eindeutig feststehen, kann jemand alleine oder im Team seine ganze Kraft daransetzen, Fristen einzuhalten und Empfehlungen und Alternativen auszuarbeiten. Das Ergebnis dieser Arbeit sollte stets bis ins Detail ausformuliert werden.

• *Zweitens: Klären Sie die Initiativmöglichkeiten Ihrer Mitarbeiter*: Sollen sie auf Ihre Anweisungen warten, oder warten Sie auf ihre Fragen? Sollen sie nach Bedarf Bericht erstatten oder in regelmäßigen Abständen?

• *Drittens: Sprechen Sie stillschweigend getroffene Annahmen aus.* Oft bitten Mitarbeiter den Vorgesetzten darum, ihnen zu einem frühen Zeitpunkt eines Projekts ein Feedback zu geben, damit ihre Arbeit keine falsche Richtung nimmt. In einem solchen Fall ist es wichtig, daß beide Seiten zum Ausdruck bringen, welche Annahmen ihrer Arbeit zugrundeliegen. Sonst könnte es geschehen, daß die abschließende Empfehlung mit dem Satz kommentiert wird: »Sie haben ja nicht einmal verstanden, von welchen Prämissen ich eigentlich ausgegangen bin.«

• *Viertens: Stellen Sie den Mitarbeitern, die nach dem Autonomie-Konzept arbeiten, so viel Zeit und Ressourcen wie nur möglich zur*

Verfügung. Nichts ist frustrierender als ohne ausreichende Informationen und Ressourcen an einer Aufgabe arbeiten zu müssen. Wenn Sie tatsächlich einmal vorübergehend nicht in der Lage sind, Ihrem Mitarbeiter entsprechende Instruktionen zu geben, sollten Sie ihm zumindest eine Erklärung dafür geben.

• *Fünftens: Legen Sie Zeit und Ort für die Präsentation und die Kontrolle der Ergebnisse fest.* Geben Sie Ihren Mitarbeitern die Chance, ihre Arbeit effektiv zu präsentieren.

Auch die Beachtung dieses Gebots ist kein todsicheres Geheimrezept. Es handelt sich einfach um eine effektive Methode, um Mitarbeiter zu eigenständigem Denken und sorgfältigem Arbeiten zu motivieren. Erfahrungsgemäß sind viele Mitarbeiter begeistert, wenn man ihnen die Chance gibt, einem Problem wirklich auf den Grund zu gehen und endlich einmal zu zeigen, was in ihnen steckt. Wenn das Autonomie-Konzept vernünftig angewandt wird, sparen langfristig gesehen alle Parteien mehr Zeit. Außerdem erhöht sich die Qualität der Arbeit, weil die Mitarbeiter bisher ungenutzte Reserven mobilisieren können.

Die Anwendung des Autonomie-Konzeptes

Das Autonomie-Konzept kann in vielen Bereichen eingesetzt werden, einige davon sind:

• *Vorträge und Präsentationen.* Kümmern Sie sich um alle notwendigen Vorarbeiten, damit Ihr Mitarbeiter weiß, welche Ressourcen ihm zur Verfügung stehen und welche Anforderungen Sie an seine Arbeit stellen. Besonders wenn es um Vorträge und Präsentationen geht, müssen Sie klare Anhaltspunkte geben. »Hier sind die wichtigsten Themen, die ich in der Besprechung in zwei Wochen angehen möchte«, könnte seine Anweisung etwa lauten. »In der Zwischenzeit bin ich auf einer Geschäftsreise. Nach meiner Rückkehr werde ich Ihre Vorschläge und Empfehlungen überprüfen.«

• *Problembearbeitung.* Eine Führungskraft könnte einen vertrauenswürdigen Mitarbeiter bitten: »Befassen Sie sich mit dieser Angelegenheit, und legen Sie mir dann eine Empfehlung und einen Maßnahmenkatalog vor.«

Diese Methode kann überraschende Ergebnisse bringen. Ein Geschäftsführer kommentierte einmal die Berichte seiner Mitarbeiter mit den Worten: »Ich habe nicht gewußt, daß ich so intelligente Leute in meiner Firma habe!«

• *Besprechungen.* Das Autonomie-Konzept fördert nicht nur verborgene Talente zutage, sondern es erhöht auch die Effektivität von Besprechungen. Die Teilnehmer haben sich gründlich vorbereitet und sind deshalb mit allen Tagesordnungspunkten vertraut.

• *Synergetische Problemlösung.* Bei umfangreicheren Projekten können Sie einen kleinen Ausschuß einsetzen, der nach dem Autonomie-Konzept arbeitet.

Sie stellen zum Beispiel fest, daß das Unternehmen große Probleme in den Bereichen Kommunikation, Karriereentwicklung oder Gehaltsstrukturen hat. Bilden Sie mit drei bis vier Mitarbeitern aus verschiedenen Unternehmensebenen einen Ausschuß und stellen Sie ihm die Aufgabe, sich eingehend mit dem Problem zu befassen. Er soll spezifische Empfehlungen ausarbeiten, die dann der Geschäftsleitung vorgelegt werden: »Unsere Empfehlung lautet aus den folgenden Gründen so und nicht anders. Hier sind die Alternativen, hier die Konsequenzen, und hier die Ursachen des Problems.« Aus den verschiedenen Ansichten im Team erwächst eine eindrucksvolle Synthese. Ich habe nur selten erlebt, daß die daraus resultierenden Empfehlungen abgelehnt wurden.

Ein weiterer Vorteil von Synergieprozessen besteht darin, daß Mitarbeiter, die sich auf destruktive, die Effektivität hemmende Verhaltensweisen versteift haben, eine Gelegenheit erhalten, ihre negative Energie in konstruktive Kanäle umzulenken. Die Tatsache, daß sie ihre ganze Persönlichkeit einbringen können und sollen, nimmt ihnen den Wind aus den Segeln.

Ein abschließendes Wort der Vorsicht soll nicht fehlen. Es besteht die Gefahr, daß mit dem Autonomie-Konzept der Eindruck erweckt wird: »Was glaubt der Chef eigentlich, wer er ist? Wir erledigen seine Arbeit, und er braucht dann nur noch zu unterschreiben.« Oder: »Er kümmert sich ja gar nicht um das Problem; er will es sich nur vom Hals schaffen.« Deshalb muß das Konzept unbedingt in den Rahmen einer umfassenderen Unternehmensstrategie eingebettet werden.

Wenn diese Grundsätze beachtet werden, kann es dazu beitragen, daß die Mitarbeiter sich weiterentwickeln und die Führungskräfte viel Zeit sparen. Es fördert die Fähigkeit der Mitarbeiter, auf unterschiedliche Situationen angemessen zu reagieren und sich neuen Entwicklungen optimal anzupassen.

Kapitel 17
Total Quality im Management

Die Philosophie der Total Quality hat in großen und kleinen Unternehmen, in der Fertigungsindustrie wie in der Dienstleistungsbranche einen Siegeszug angetreten. Qualität gilt als der Schlüssel zum Überleben und zum Erfolg in der amerikanischen Wirtschaft.

Die Leitgedanken der Total Quality sind keinesfalls nur eine modische Trenderscheinung. Sie stellen eine tiefgreifende Veränderung in der Theorie und Praxis des Managements dar. Trotzdem gelingt es vielen Unternehmen nicht oder nicht in ausreichendem Maße, Erfolge in der Qualitätsverbesserung zu erzielen. Der Weg zu Total Quality in der amerikanischen Wirtschaft wird von wachsender Frustration auf allen Unternehmensebenen geprägt.

Wo aber liegt das Problem? Generell kann gesagt werden, daß allzuoft die notwendige Basis für die Implementierung der Grundsätze der Total Quality fehlt. Wie kann diese Basis geschaffen werden? Im Lauf der Jahre haben unsere Klienten immer wieder die Erfahrung gemacht, daß die prinzipienorientierte Führung eine geeignete Grundlage darstellt. Das Führen nach Grundsätzen ist für sie das bis dahin fehlende Bindeglied, um das Total Quality Management zum Funktionieren zu bringen. Sie bezeichnen es als das bisher »fehlende Glied der Kette«, das »Bindemittel«, die »Infrastruktur für die Total Quality« oder sogar als »Katalysator«.

Auf welche Art und Weise versetzen die prinzipienorientierte Führung und die Sieben Wege zur Effektivität nun Manager in die Lage, ein nie zuvor erreichtes Qualitätsniveau zu erreichen? Es sind keine geheimnisvollen Kräfte am Werk, sondern die Antwort heißt ganz einfach, wie W. Edwards Deming schon sagte: Total Quality wird durch die Beachtung von Grundprinzipien möglich. Diesen Weg kann jedes Unternehmen beschreiten.

Total Quality: Führung und Menschen

Die primären Elemente der Total Quality – Führung und Menschen –, die Deming selbst entwickelt hatte, wurden merkwürdigerweise aus dem Zentrum der Aufmerksamkeit gedrängt. Die Führungskräfte konzentrierten sich auf einzelne Qualitätsmerkmale und die statistische Prozeßkontrolle und taten so, als könnten sie auf die Grundlagen verzichten.

Beinhaltet das Total Quality-Programm Ihres Unternehmens die folgenden Elemente?

Automation	Neue Maschinen
Harte Arbeit	Intensive Bemühungen
Verantwortung übertragen	Management by Objectives
Leistungssysteme	Finanzielle Leistungsanreize
Arbeitsnormen	Just-in-Time-Lagerhaltung
Nullfehler	Spezifikationen erfüllen
Qualitätszirkel	Statistische Prozesse

»Falsch«, lautet das vernichtende Urteil Demings, »alles falsch!« Keine der obengenannten Maßnahmen ist mit Total Quality Management gleichzusetzen! Aber wenn weder Nullfehler noch Qualitätszirkel, weder Management by Objectives noch ausgefeilte Lagerhaltungssysteme optimale Qualität hervorbringen, was ist es dann?

Einige der obengenannten Elemente fördern Total Quality, andere unterminieren sie eher. Eine Erfolgsgarantie kann jedenfalls keine der Maßnahmen bieten. Dies muß man verstehen, wenn man Total Quality anstrebt und dazu prinzipienorientiert führt. Deming hält fest, daß Qualität auch eine Frage der Wahrnehmung ist: Für den Arbeiter einer Schuhfabrik ist Qualität etwas anderes als für den Inhaber des Unternehmens: Für den einen ist es ein gelungenes Produkt, für den anderen sind es vielleicht wachsende Gewinne. Der Verbraucher wiederum sieht das Qualitätserfordernis erfüllt, wenn seine neuen Schuhe einen vernünftigen Preis haben, bequem sind, gut aussehen und lange halten.

Letztendlich jedoch entscheiden die Verbraucher über die Qualität. Kein anderer Partner im Wirtschaftsleben – ob Firmeninhaber, Manager, Arbeiter oder Zulieferer – kann sich lange über Wasser halten, wenn er ihre Anforderungen ignoriert. Deshalb richten sich alle Initiativen zur Qualitätsverbesserung auf den Kunden. Qualität ist das, was die Verbraucher als solche definieren, indem sie mit ihren Dollars abstimmen – oder mit ihren Yen.

Aber wie kann man erreichen, daß die Verbraucher die Qualität eines Produkts oder einer Dienstleistung für gut befinden? Dr. Deming glaubt, daß Qualität nicht nur ein Ergebnis, sondern ein kontinuierlicher Prozeß ist. Die prinzipienorientierte Führung bietet die Leitlinien und die Instrumente, die notwendig sind, um die beiden wichtigsten Elemente in diesem Prozeß zu aktivieren: Führung und Menschen.

Transformation des Managements

Die Tatsache, daß im Zentrum der Total Quality-Philosophie die beiden Faktoren Führung und Menschen stehen, macht die prinzipienorientierte Führung zu ihrem wichtigsten Erfolgsfaktor. Die zentrale Prämisse in Demings Arbeit wird nämlich häufig übersehen: Die wichtigste Voraussetzung dafür, den Verfall der westlichen Industrie aufzuhalten und Amerika wieder einen weltweiten Wettbewerbsvorteil zu verschaffen, heißt, »den westlichen Managementstil grundlegend zu verändern«. Was aber muß anders werden? »Die Aufgabe des Managements heißt nicht Kontrolle, sondern Führung«, sagt Deming dazu. »Manager müssen zu Führern werden.«

Das Ziel von Total Quality besteht darin, den Verbrauchern immer bessere Produkte und Dienstleistungen anzubieten, damit Arbeitsplätze geschaffen werden und auch alle anderen, die vom Erfolg des Unternehmens abhängig sind, davon profitieren. Der Zweck der prinzipienorientierten Führung ist es, Menschen und Unternehmen zur Erfüllung ihrer Ziele zu verhelfen, sie also letztendlich effektiver zu machen. Daraus folgt, daß die prinzipienorientierte Führung in einem umfassenderen Kontext als das Total Quality Management zu sehen ist. In ihrem Rahmen werden die Grundsätze der Total Quality jedoch entscheidend gefördert.

Die Leitlinien der prinzipienorientierten Führung finden nicht nur im Wirtschaftsleben Anwendung, sondern sie sind im Grunde auch in jeder menschlichen Beziehung relevant. Sie versetzen die Menschen in die Lage, den Idealen der Liebe, des Friedens, der Harmonie, der Zusammenarbeit und Kreativität näherzukommen, ob in zwischenmenschlichen Beziehungen oder im Führungsbereich. Nicht mehr und nicht weniger wird auch mit den Zielen der Total Quality angestrebt.

Total Quality-Führung

Das Management hat die Aufgabe, seine Mitarbeiter zu mehr Effektivität zu befähigen. Dazu muß es alle Hindernisse beseitigen, die ihrem Engagement, ihrer Kreativität und ihrer Begeisterungsfähigkeit entgegenstehen oder sie sogar zerstören. Jeder Mensch hat das Recht, Freude an seiner Arbeit zu haben und stolz auf sie zu sein. Leider verhindern viele Managementpraktiken genau dies! Total Quality ist nur möglich, wenn aus Managern wahre Führer werden, denen es gelingt, die guten Anlagen in ihren Mitarbeitern zur Entfaltung zu bringen.

Grundlagen für die Transformation

Deming erklärt zwar ausführlich, »was« der Total Quality-Theorie zufolge getan werden muß, und teilweise führt er auch aus, »warum« es getan werden sollte, aber über das »wie« schweigt er sich weitgehend aus. Die prinzipienorientierte Führung schließt diese Lücke und beantwortet die Frage: Wie wird aus einem reaktiven, auf Kontrollmechanismen basierenden Management eine proaktive und effektive Führung?

Die prinzipienorientierte Führung umfaßt die Sieben Wege und damit verwandte Prinzipien. Weil sich die prinzipienorientierte Führung auf die wirklich fundamentalen Dinge konzentriert, kann sie echte, tiefe Veränderungen im Denken und im Charakter bewirken. Dauerhafte Veränderungen in der Unternehmenskultur sind nur dann möglich, wenn sich die einzelnen Angehörigen des Unternehmens von innen heraus verändern. Wenn die Mitarbeiter zu Veränderungen nicht fähig sind, ist ein Unternehmen zur Stagnation verurteilt, und Verbesserungen rücken in weite Ferne.

Trainings und Seminare, die nur bestimmte Methoden und Techniken vermitteln, verändern an den grundsätzlichen Einstellungen und Paradigmen der einzelnen Teilnehmer nur wenig. Kommunikationskurse zur Teamentwicklung nützen deshalb kaum etwas, wenn Vorgesetzte weiterhin daran festhalten, die ihnen unterstellten Beschäftigten unaufhörlich zu kontrollieren, damit sie gute Arbeit leisten.

Stellen Sie sich jedoch einmal vor, ein Vorgesetzter entwickele ein neues Paradigma. Es besagt, daß seine Untergebenen in der Lage sind und auch den Wunsch verspüren, die Qualität ihrer Arbeit zu steigern. Das Instrument der Delegation wird dann die Effektivität dieses Vorgesetzten nicht schwächen, sondern stärken. Mit prinzipienorientierten Methoden kann er jedem Beschäftigten dazu verhelfen, sein Potential auszuschöpfen. Dann ist auch der Weg frei, um effektivere Kommunikationsmuster einzuüben, welche die prinzipienorientierte Ausrichtung des Unternehmens festigen.

Verinnerlichen Sie also die Sieben Wege zur Effektivität und die damit verknüpften Prinzipien. Nur so verändern sich Menschen und Unternehmen. Diese Veränderung ist gleichzeitig der Schlüssel zu erfolgreichem Total Quality Management, den so viele so verzweifelt suchen.

Kapitel 18
Unternehmensverfassungen

Eine schriftliche Unternehmensverfassung kann für den einzelnen Mitarbeiter ebenso wie für die Organisation ein wertvolles Dokument sein. Schon Thomas Jefferson meinte zur Bedeutung der amerikanischen Verfassung: »Unsere schriftliche Verfassung bietet uns ein ganz besonderes Maß an Sicherheit.«

Aussagen über persönliche und unternehmerische Ziele versetzen uns in die Lage, selbstbestimmter zu leben und dadurch zu mehr innerer Sicherheit zu gelangen.

Solche Aussagen, in denen Normen gesetzt und Ziele zementiert werden, müssen auf breiter Basis erarbeitet werden. Erfahrungsgemäß bringt jedes Unternehmen, das seine Mitarbeiter bewußt an der Formulierung seiner Ziele beteiligt, eine gute Verfassung hervor. Übrigens ist dieses Prinzip auch für die Gesellschaft als Ganze wichtig: Regieren (Führen) durch möglichst breiten Konsens.

Ein Beispiel dafür ist die Pillsbury Company, ein schnell wachsendes, diversifiziertes Unternehmen, dessen Größe sich im vergangenen Jahrzehnt beinahe verdreifacht hat. Unter den Führungskräften machte sich immer mehr das unangenehme Gefühl breit, daß »die Weiterentwicklung der Mitarbeiter mit dem Wachstum der Firma nicht Schritt hielt. Sie wurden überrollt. Deshalb dachten wir, es müsse irgendeine Aussage geben, wofür Pillsbury eigentlich stand. Sie sollte einfach und kurz sein und es den Mitarbeitern ermöglichen, ein Ideal zu haben, Risiken einzugehen, kreativ zu denken. Wir stellten uns vor, daß die eher konservative und bürokratische Unternehmenskultur menschenorientierter, innovativer und freier werden mußte.«

Pillsbury benötigte ein Jahr für das Vorhaben. Die zweihundert Manager der oberen Führungsebene arbeiteten mit Vertretern des gesamten Unternehmens eine Verfassung aus, in der die dem Unternehmen zugrundeliegende Philosophie, seine Ziele und Wertmaßstäbe auf einer Schreibmaschinenseite umrissen wurden.

Hat sich die Mühe gelohnt? Virginia Ward, Personalleiterin, meint: »Wir haben das Gefühl, daß jeder einzelne die Ziele und Werte des Unternehmens verinnerlicht hat und sie unterstützt. Wir sind in der Menschenführung effektiver, weil wir uns nach Prinzipien richten. Wir sehen der Zukunft mit viel Optimismus entgegen.«

Eine Aussage über die Unternehmensphilosophie bündelt die Energien der Mitarbeiter und gibt ihnen eine gemeinsame Richtung vor. Neben dem beruflichen wird auch das private Leben zielgerichteter, weil kein Geld und keine Mühe mehr an Dinge verschwendet werden, die es nicht wert sind.

Unter solchen Vorzeichen können Sie große Fortschritte auf dem Weg zu sich selbst machen. Wenn Ihre Sicherheit bisher auf den Schwächen von anderen beruhte, sind Sie im Grunde ein Opfer Ihrer eigenen Schwäche. Genauso verschaffen Sie Ihren Konkurrenten und nicht sich selbst einen Vorteil, wenn Sie auf deren Schwächen bauen. In sich selbst zu ruhen und nach den eigenen Überzeugungen zu handeln, bedeutet dagegen, sich von äußeren Einflüssen zu befreien. Sie fangen an, Ihr Leben selbst zu gestalten.

Die Unternehmensphilosophie kann und sollte sich zu einem Rahmen entwickeln, innerhalb dessen die Führungsarbeit stattfindet. Überprüfen Sie ihre Leitsätze in regelmäßigen Abständen und fragen Sie sich: »Tun wir alles, was im Rahmen unserer Möglichkeiten steht? Beugen wir Problemen vor?« Ein Management, das sich im Netz der akuten Probleme verfängt, verkommt zum Krisen-Management. Bald scheint das ganze Leben nur noch aus einem einzigen riesigen Problem zu bestehen. Verbitterung und Resignation machen sich breit.

Wir wurden einmal von einem Unternehmen konsultiert, das mehr Kostenbewußtsein schaffen wollte. Ein Programm wurde ins

Leben gerufen, die Mitarbeiter wurden kostenbewußt, sie vergaßen jedoch, sich um neue Aufträge zu kümmern. Nun wurde die Losung ausgegeben, neue Aufträge zu akquirieren. Schließlich waren die Mitarbeiter davon so in Anspruch genommen, daß die internen Beziehungen darunter litten. Die nächste große Aktion hieß also, die zwischenmenschlichen Beziehungen zu verbessern. Die Programme vermehrten sich so inflationär, daß sie am Schluß kaum noch zur Kenntnis genommen wurden. Statt dessen verzettelten sich die Mitarbeiter in Intrigen, es kam zu Cliquenbildungen und jeder verfolgte nur noch seine Interessen.

Nach dem gleichen Muster wird oft auch in Familien gehandelt. Anstelle von festen Grundsätzen und gegenseitigem Wohlwollen beherrschen ad hoc-Lösungen und das Belohnungsprinzip das Familienleben. Wenn der daraus resultierende Streß und Druck unerträglich werden, kommt es zu unverhältnismäßig starken Reaktionen, oder die Beteiligten ziehen sich verbittert zurück. Die Kinder lernen daraus, daß Probleme so gelöst werden – durch Kampf oder Flucht. Dieses Muster kann sich über Generationen fortsetzen. Hier hilft die Ausarbeitung einer Familienverfassung, die das Problem an der Wurzel packt.

Langfristige Ergebnisse werden dabei nur möglich, wenn Sie sich mit wichtigen Grundwerten und Zielen identifizieren und Ihr Handeln darauf abstimmen. Auf dieser Grundlage können Sie alle weiteren Schritte aufbauen. Jede Familie braucht einen zentralen, unveränderlichen Punkt in der Aussage über ihre Ziele. Fragen Sie sich: »Was ist uns wichtig? Worum geht es in unserer Familie? Wofür stehen wir? Wo liegt unsere Berufung, und was ist unser Daseinsgrund?«

Mit gemeinsamen Zielen, Werten und einer Vision läßt sich jede Situation meistern, weil man Probleme auf eine reife und vernünftige Weise angeht. Visionen durchdringen ein Unternehmen und prägen es.

Prinzipien sind zeitlose, universale Gesetze, aus denen Sie immer wieder Kraft schöpfen können. Wer Prinzipien verinnerlicht hat, ist in der Lage, Probleme unter unendlich vielen Bedingungen zu lösen. Im Gegensatz dazu handeln Menschen, die nur ganz bestimmte Formen des Handelns verinnerlicht haben, nur unter den ihnen bekannten Bedingungen effektiv.

Prinzipien stellen sich immer wieder selbst unter Beweis, weil sie allgemeine Wahrheiten verkörpern. Wenn wir ein korrektes Prinzip erst einmal als solches anerkannt haben, wird es uns bald so vertraut sein, daß es fast zum »gesunden Menschenverstand« zu gehören scheint. Leider verwerfen wir Prinzipien oft viel zu früh, statt zu überlegen, ob sie uns von Wert sein könnten.

Dies wird besonders deutlich, wenn wir über die Prinzipien reden, die für die Ausarbeitung von Verfassungen im Privatleben und in Unternehmen wichtig sind. Manche Prinzipien sind uns so selbstverständlich, daß wir gar nicht mehr über sie nachdenken, bei anderen ist dies nicht der Fall. Prozesse und Prinzipien sind voneinander abhängig und ergänzen sich.

Eine Aussage über Ihre Lebensziele verhilft Ihnen zu mehr Zufriedenheit und Erfolg, weil sie Schlüsselfragen wie etwa: »Was möchte ich tun?« und »Was möchte ich sein?« beantwortet. Erfolg bedeutet ja letztendlich nichts anderes, als der Mensch zu werden, der man sein möchte, und die Dinge zu tun, die man tun möchte.

Gleiches gilt für ein Unternehmen. Wenn Unternehmen keine klare Identität haben und keine überzeugende Philosophie vorweisen können, erreichen sie weit weniger als möglich wäre. Es genügt nicht, nur die unmittelbaren Ziele zu erreichen. Um das brachliegende Potential in einem Unternehmen freizusetzen und die höchstmögliche Produktivität zu erzielen, muß man den Schwerpunkt nicht nur auf das Tun, sondern auch auf das Sein legen. Aus diesem Grund behandelt die Unternehmensverfassung auch die Frage nach dem Warum.

Diese Aussage wird durch unsere Beratertätigkeit für Walt Disney illustriert. Walt war natürlich das Herz des Unternehmens. Nach seinem Tod vor zwanzig Jahren konzentrierte sich die Disney Corporation darauf, seinen bis dahin ehrgeizigsten Traum zu realisieren, das Epcot Center. Nach der Fertigstellung des Centers mußte das Produktions- und Entwicklungsteam von 2.200 Mitarbeitern auf etwa 500 reduziert werden. Die Moral der Truppe sank auf den Nullpunkt.

Schließlich taten sich einige Mitarbeiter zusammen und formulierten eine Aussage über die Ziele des Unternehmens, weil sie dachten, so könnte ein neues Wachstum in Gang kommen. Die Resonanz der übrigen Mitarbeiter war jedoch sehr verhalten – sie konnten sich nicht mit den Zielen identifizieren, weil sie an deren Ausarbeitung nicht beteiligt gewesen waren. Nach diesem Mißerfolg begann ein monatelanger Prozeß mit dem Ziel, eine neue Aussage zu formulieren. Im Unterschied zum vorangegangenen Versuch waren nun sämtliche Ebenen des Unternehmens beteiligt. Heute sind die Mitarbeiter samt und sonders begeistert von der neuen Unternehmensphilosophie. Sie lautet: »Wir wollen nicht imitieren, was die großen Meister vor uns vollbracht haben. Aber wir machen ihre Ziele zu den unseren.« Es war offensichtlich: Ohne den gemeinsamen Anspruch hätte das Unternehmen stagniert.

Erst eine Aussage über die Unternehmensphilosophie gibt dem Unternehmen einen Sinn – und Sinn wiederum ist etwas, was jeder Beschäftigte für seine Arbeit beansprucht. Heutzutage gehen die Bedürfnisse in der Arbeitswelt über die nackte Existenzsicherung hinaus. Auch behält kaum jemand seine Stelle nur deshalb, weil der Chef ihn anständig behandelt. Es reicht nicht aus, seine Talente einzubringen und einen Teil seines Potentials zu nutzen. Die Menschen möchten wissen, warum. Sinn ist in der heutigen Zeit der wesentliche Faktor für wirtschaftlichen Erfolg.

Dasselbe gilt auch für Staaten. Die Unabhängigkeitserklärung und die Verfassung der Vereinigten Staaten von Amerika definieren, was die Bürger wollen, was sie erreichen möchten und warum sie das möchten. Die zugrundeliegenden Prinzipien der Verfassungsmäßigkeit, des Individualismus und des freien Willens sind bis zum heutigen Tag die tragenden Säulen der amerikanischen Gesellschaft.

Schreiben Sie Ihre eigene Verfassung

Für die Ausarbeitung einer eigenen Verfassung empfiehlt sich ein Vorgehen in vier Schritten: Erweitern Sie Ihre Perspektive, definieren Sie die Grundwerte, überprüfen Sie die Aussage auf ihre Motivationskraft, und überprüfen Sie ihre Realisierbarkeit.

- *Erweitern Sie Ihre Perspektive.* Wir sind im Privatleben und im Beruf so mit unseren Alltagspflichten befaßt, daß es von Zeit zu Zeit notwendig wird, einmal innezuhalten und Distanz zu gewinnen. In regelmäßigen Abständen müssen wir uns auf das besinnen, was im Leben wirklich wichtig ist.

Eine solche Perspektivengewinnung wird manchmal geplant, manchmal kommt sie auch unerwartet. Zu den ungeplanten Erfahrungen können der Tod eines geliebten Menschen gehören, eine plötzliche schwere Krankheit, ein finanzieller Rückschlag oder ein anderer Schicksalsschlag. In solchen Zeiten blicken wir auf unser Leben und stellen uns grundlegende Fragen. Was ist wirklich wichtig? Warum tun wir das, was wir tun? Was würden wir eigentlich tun, wenn wir es finanziell nicht nötig hätten, einer Arbeit nachzugehen? Diese Art der Selbstbeurteilung erweitert unsere Perspektive.

Pro-aktive Menschen erweitern ihre Perspektive, indem sie Freunde und Kollegen bewußt um Stellungnahmen zu den unterschiedlichsten Fragen bitten. Sie überlegen: »Was ist für das Unternehmen am wichtigsten? Welchen Beitrag können wir leisten? Welchen Sinn hat das, was wir tun? Wozu sind wir hier? Was möchten wir sein? Was möchten wir tun?« Durch die Vielzahl der unterschiedlichen Ansichten wird der eigene Blickwinkel entscheidend erweitert. Wirkliche Synergie entsteht dann, wenn die Mitarbeiter versuchen, ihr Bestes zu geben, um das Unternehmen vorwärtszubringen. Synergie ist ein Prozeß, in dessen Verlauf aus unterschiedlichen Standpunkten eine optimale Lösung hervorgeht.

Das »Management vor Ort« – bei Hewlett-Packard gang und gäbe – stellt eine weitere gute Möglichkeit dar, um den Horizont zu erweitern. Häufig reagieren die Mitarbeiter sehr zurückhaltend, weil sie denken, daß die Führungsspitze sowieso nicht auf sie hört; oder sie halten es gar für ein Risiko, überhaupt den Mund aufzumachen. Solche Widerstände können durch die Bildung von Diskussionsgruppen überwunden werden, die den expliziten Auftrag erhalten, Vorschläge zu bestimmten Fragen zu erarbeiten. Wenn die Mitarbeiter sehen, daß ihr individueller Beitrag tatsächlich ernst genommen wird, wollen sie automatisch mehr leisten.

Solche Prozesse erfordern Zeit. Perspektiven lassen sich nicht von heute auf morgen erweitern. In einem Großunternehmen sollte man deshalb mehrere Monate dafür ansetzen.

• *Definieren Sie die Grundwerte.* Ein Mitarbeiterteam sollte beauftragt werden, die Unternehmensziele vorläufig zu formulieren und dabei auch bisherige Erfahrungen einzubringen.

Der Entwurf erhält dann die Überschrift »Diskussionsgrundlage« und wird sämtlichen Mitarbeitern vorgelegt. Damit soll zum Ausdruck gebracht werden, daß die endgültige Formulierung der Ziele die Sache aller ist und so präzise wie möglich sein muß. Eine schwammig definierte Aussage erschwert den Entscheidungsfindungsprozeß. Die besten Aussagen über Unternehmensziele entstehen dann, wenn Menschen sich respektieren, wenn sie ihre unterschiedlichen Ansichten zum Ausdruck bringen und gemeinsam etwas Besseres schaffen als das, was ein einzelner zustandegebracht hätte.

• *Überprüfen Sie die Aussage auf ihre Motivationskraft.* Nehmen Sie sich einen Entwurf vor, der schon in einem fortgeschritteneren Stadium ist, und überlegen Sie: »Steht der Inhalt in Einklang mit meinen Werten? Begeistert und motiviert er mich? Spricht er Herz und Seele des Unternehmens an? Stellt er einen optimalen Konsens dar?«

Stellen Sie sich die Verfassung als Schnittmenge von zwei Kreisen vor. Der eine Kreis stellt das Wertesystem des Unternehmens dar, der andere das Wertesystem des einzelnen Mitarbeiters. Je größer die Schnittmenge ist, um so effektiver kann das Unternehmen arbeiten und um so gelungener ist die Aussage über die Ziele.

• *Überprüfen Sie die Aussage auf ihre Realisierbarkeit.* Nachdem die ersten drei Schritte getan wurden, haben die meisten Menschen noch das Bedürfnis, die Aussage über eine gewisse Zeit hinweg an der Wirklichkeit zu messen. Da die gemeinsam definierten Werte Herz und Seele eines Unternehmens sind, sollten sich die Unternehmenspolitik, die Programme, Strategien, Strukturen und Systeme in Übereinstimmung mit ihnen befinden. Anders können sie nicht in die Realität umgesetzt werden.

Im Lauf der Zeit wird immer deutlicher werden, daß die Definition der Unternehmensverfassung eine sehr wichtige Rolle in der Weiterentwicklung des Unternehmens spielt. Die beteiligten Mitarbeiter erweitern ihre Perspektive, setzen neue Schwerpunkte und geben abgenutzten Phrasen neuen Sinn.

Eine Verfassung schafft Kontinuität. Diese ist um so stabiler, je mehr partizipative Elemente in ihre Ausarbeitung eingebaut wurden. Sie bietet langfristige Sicherheit und verhilft den Führungskräften zu einem Wettbewerbsvorteil, weil sie eine feste Richtung und ein Ziel haben. Wenn die Werte des einzelnen mit denen des Unternehmens harmonisieren, stehen die Zeichen gut, daß die Mitarbeiter die für richtig befundenen Ziele gemeinsam erreichen. Sie sind im Team leistungsfähiger als alleine. Unternehmen, in denen solche Voraussetzungen herrschen, verzeichnen mitunter erstaunliche Produktivitätssteigerungen.

Ein fortwährender Prozeß

Im Verlauf der Persönlichkeitsentwicklung können sich Ihre Perspektiven und Wertvorstellungen immer wieder ändern. Deshalb ist es wichtig, daß die Aussage über Ihre Ziele mit Ihren Werten in Einklang steht. Dabei helfen Ihnen einige Fragen:

- Beruht die Aussage über meine Ziele auf den Prinzipien, nach denen ich derzeit lebe?
- Würdigt sie meine Fähigkeiten in ausreichendem Maß?
- Hilft mir die Aussage dabei, Prioritäten zu setzen? Kann sie mich motivieren? Bietet sie erstrebenswerte Ziele und Aufgaben?
- Weiß ich, welche Strategien und Fähigkeiten mir dabei helfen, diese Ziele zu erreichen?
- Was muß ich heute tun, um dorthin zu gelangen, wo ich morgen sein möchte?

Vergessen Sie nicht, daß Sie in Ihrem Leben nur die Ziele erreichen können, die Sie sich auch gesteckt haben. Eine Verfassung kann Ihnen helfen, Ihre besten Seiten zu leben und jeden Tag das Beste zu leisten.

Kapitel 19
Die alles umfassende Aussage

Vielleicht möchten Sie Ihre privaten und beruflichen Ziele in eine allesumfassende Erklärung bringen, die nur aus einem Satz besteht. In einer solchen universalen Aussage manifestiert sich der Anspruch einer Metaführung (anstelle der Makro- oder Mikroführung).

- *Meta.* Im Zentrum der Metaführung liegt die Frage nach der Vision und der Verantwortung für das Gemeinwohl – also nach denjenigen Bereichen, für die Ihnen als Führer und Manager Verantwortung übertragen wird.
- *Makro.* Im Zentrum der Makroführung liegen die strategischen Ziele und die Auswahl der geeigneten Strukturen und Prozesse, um diese Ziele zu erreichen.
- *Mikro.* Im Zentrum der Mikroführung liegen zwischenmenschliche Beziehungen und die Ausübung natürlicher Autorität – die Mitarbeiter *entscheiden* sich bewußt dafür, sich Ihrer Vision und Ihren Zielen zu verschreiben.

Effektive Manager der oberen Führungsebene verwenden den größten Teil ihrer Zeit und Energie auf die Meta- und Makroebene. Sie konzentrieren sich auf die Beziehungen zu denjenigen Menschen, mit denen sie am meisten zusammenarbeiten.

Die universale Aussage soll Unternehmensleitern helfen, ihrer Vision und ihrer Verantwortung für das Gemeinwohl einen für alle sichtbaren Ausdruck zu verleihen. Zu diesem Zweck werden die zentralen Werte des Unternehmens in einem kurzen Satz zusammengefaßt. So entsteht ein Rahmen, der Sinn und Orientierung gibt.

Universale Aussagen sollten kurz und einprägsam sein. Gleichzeitig müssen sie alle wesentlichen Punkte enthalten. Dies scheint ein Widerspruch zu sein. Wie kann etwas kurz *und* umfassend zugleich sein? Das ist möglich, wenn das Allgemeingültige und Typische erfaßt wird. In der Computerbranche gibt es beispielsweise den Trend, daß die Produkte um so einfacher werden, je mehr Fortschritte die Technik macht. Dieses Phänomen läßt sich auf universale Aussagen übertragen. Wenn eine Aussage zu Ihrer »Software« geworden ist, fangen Sie an, nach ihrer Maßgabe zu urteilen und zu handeln.

Das bedeutet nicht, daß die universale Aussage an die Stelle Ihrer Unternehmensziele treten soll. Sie gibt diesen jedoch eine Richtung vor und stellt die notwendigen Zusammenhänge her.

Die universale Aussage sollte alle langfristigen und kurzfristigen Verantwortungs-Aspekte ansprechen. Sei könnte sich auf alle Organisationen anwenden lassen, als ein allgemein angenommenes Bekenntnis für Führer von Unternehmen:

Unser Ziel ist es, das wirtschaftliche Wohlergehen und die Lebensqualität aller am Erfolg des Unternehmens Beteiligten zu verbessern.

Drei zentrale Elemente

Ich will nun auf die drei zentralen Bestandteile dieser Aussage eingehen.

1. *Wirtschaftliches Wohlergehen.* Warum sprechen wir die ökonomische Dimension zuerst an? Unternehmen werden nun einmal hauptsächlich zum Zweck der Gewinnerzielung gegründet. Die Arbeitsplätze im Unternehmen bieten den Mitarbeitern eine Existenzgrundlage, ersetzen aber weder die Familie noch den Verein noch andere Aspekte des Lebensumfeldes. Arbeitsplätze sollen Wohlstand schaffen und im Idealfall auch so gut bezahlt sein, daß man Steuern und alle anderen anfallenden Kosten begleichen kann. Die Produkte, die am Arbeitsplatz hergestellt werden, sollen das Leben erleichtern und verschönern.

Manchmal verlieren wir diese simplen Tatsachen aus den Augen. Dies meinte auch Abraham Zaleznik, mein ehemaliger Professor an der Harvard Business School, in seinem Artikel »Real Work« (*Harvard Business Review*, Januar/Februar 1989). Tom Peters und Bob Waterman heben denselben Punkt in ihrem Buch *Auf der Suche nach Spitzenleistungen* hervor: Unternehmen sind dazu da, um Produkte herzustellen und zu verkaufen. Ted Levitt, Autor von *Marketing Management*, betonte, daß Unternehmen bestehen, um Kunden zu gewinnen und zu behalten. Einfache, aber wichtige Gedanken.

2. *Lebensqualität.* Oft hört man in Unternehmen die Meinung, mit Fragen der Lebensqualität wolle man sich erst befassen, wenn die finanziellen Grundlagen gesichert seien. Das ist begreiflich und überdies auch historisch begründet: Neunzig Prozent aller Menschen beschäftigen sich wahrscheinlich nie mit Fragen der Lebensqualität, weil sie ums nackte Überleben kämpfen. In den Vereinigten Staaten aber haben schätzungsweise fünfzig Prozent der Menschen genügend Zeit und Energie, um sich mit solchen Fragen zu befassen. Dies ist einer der Gründe, warum wir so viele gesetzgeberische und soziale Initiativen haben, die mehr Erholung, Weiterbildung, Gesundheitsfürsorge und Freizeit fordern und ermöglichen. Die entsprechenden Wirtschaftszweige sind seit dem zweiten Weltkrieg in Amerika kontinuierlich gewachsen.

Führungskräfte sollten sich durchaus mit der allgemeinen Lebensqualität ihrer Mitarbeiter befassen, aber ihre wichtigste Aufgabe lautet, die Qualität des *Arbeitslebens* zu fördern. Es gibt andere Institutionen – Schule, Familie, Vereine –, die besser dazu geeignet sind, auf den privaten Bereich einzuwirken.
Die Lebensqualität hat fünf Dimensionen:

• *Gemeinschaftsgefühl und Liebe.* Jeder Mensch möchte gerne Teil einer größeren Gemeinschaft sein und von ihr akzeptiert werden. Wir engagieren uns gerne mit anderen für einen gemeinsamen Zweck, bauen Gewinn-Gewinn-Beziehungen auf und sehen die Liebe als einen Prozeß des Gebens und des Nehmens.

- *Herausforderung und Wachstum.* Wir haben auch das Bedürfnis, unsere Fähigkeiten unter Beweis zu stellen, zu wachsen und uns weiterzuentwickeln, wichtige Aufgaben zu erfüllen und kreativ zu sein. Die überwiegende Mehrheit der Beschäftigten besitzt weit mehr Fähigkeiten, Intelligenz, Ressourcen und Initiative, als ihr jeweiliger Arbeitsplatz ihnen abverlangt oder zugesteht. Welch eine Verschwendung! Führungskräfte müssen Talente entdecken, entwickeln, nutzen und anerkennen; andernfalls halten die Mitarbeiter Ausschau, wo sie mehr Zufriedenheit und Wachstumsmöglichkeiten finden können – sie suchen eine neue Stelle, oder sie treten den Rückzug in die innere Kündigung an.

- *Ziel und Sinn.* Jeder Mensch hat außerdem das Bedürfnis, ein Ziel vor sich zu haben und einen Sinn in dem, was er tut, zu erkennen. Wir können viel Geld verdienen, vielversprechende Entwicklungsmöglichkeiten ausprobieren und gute Beziehungen haben, aber wenn unsere Arbeit uns keine Zufriedenheit verschafft oder nicht konstruktiv zum Gemeinwohl beiträgt, fehlt uns echte Motivation.

Die wirtschaftliche Dimension erschließt sich aus äußeren Faktoren. Niemand arbeitet jedoch ausschließlich des Geldes wegen. Geld ist nur ein Mittel zum Zweck. Wir arbeiten auch, um innere Bedürfnisse zu befriedigen – durch die Art der Arbeit, die Beziehungen am Arbeitsplatz und den Beitrag zu einem höheren Ziel.

- *Gerechtigkeit und Chancen.* Die Grundwerte im Bereich der Motivation heißen *Gerechtigkeit*, was die äußere, finanzielle Seite, und *Chancen*, was die innere Befriedigung angeht. Frederick Herzberg, Professor an der University of Utah und Motivationsforscher, redet über »Unzufriedenmacher« und »Zufriedenmacher«, oder auch Motivatoren. Ein »Unzufriedenmacher« ist beispielsweise der subjektive Eindruck eines Mitarbeiters, er werde ungerecht bezahlt. Die Folge der Unzufriedenheit ist – vor allem, wenn es um höhere Bedürfnisse geht –, daß der Mitarbeiter das Unternehmen auf die eine oder andere Art sabotiert, um einen inneren Ausgleich herzustellen. Aus diesem Grund sind die Fragen des »wirtschaftlichen Wohlergehens« und der »Lebensqualität« so eng miteinander verknüpft.

• *Die richtige Balance.* Was geschieht, wenn Mitarbeiter zwar gerecht behandelt und bezahlt werden, aber wirkliche Herausforderungen vermissen und keinen Sinn in dem sehen, was sie tun? Sie verlangen noch mehr Geld, noch mehr Gegenleistungen und noch mehr Freizeit, weil sie glauben, damit ihre Interessen und Bedürfnisse wenigstens außerhalb des Berufslebens befriedigen zu können. Die wahre Herausforderung in der Führungsarbeit besteht deshalb darin, anzuerkennen, daß die Bedürfnisse der Mitarbeiter untrennbar mit der Nutzung ihrer Fähigkeiten verknüpft sind. Führungskräfte, die diesen Zusammenhang nicht sehen, werden bald feststellen, daß ihre Mitarbeiter nicht für sie, sondern gegen sie arbeiten.

Ein Beispiel: Das Unternehmen, in dem Sie arbeiten, motiviert seine Mitarbeiter mit einer Philosophie, die nur wirtschaftliche Aspekte anspricht, alle sozialen, psychologischen und geistigen Dimensionen jedoch ausklammert. Damit werden Sie geradezu ermuntert, entweder einer Nebenbeschäftigung nachzugehen, oder ihre Energien darauf zu richten, mehr Geld zu verdienen oder mehr Freizeit zu bekommen, damit Sie Ihren viel befriedigenderen außerberuflichen Interessen besser nachkommen können.

3. *Alle am Erfolg des Unternehmens Beteiligten.* Unsere am Anfang des Kapitels zitierte universale Aussage spricht alle am Unternehmenserfolg beteiligten Menschen an. Wer ist damit genau gemeint? Es sind dies all diejenigen, die in irgendeiner Form die Auswirkungen zu spüren bekommen, wenn das Unternehmen in Schwierigkeiten gerät.

Das fängt bei den Firmeninhabern an, die möglicherweise ihre gesamten Ersparnisse in das Geschäft gesteckt haben. Sie leiden am meisten unter einem Fehlschlag. Während entlassene Mitarbeiter sich neue Stellen suchen können, sind die Inhaber vielleicht völlig ruiniert und stehen, erdrückt von Schuldenbergen, vor einem unfreiwilligen Neubeginn. In anderen Fällen haben die Firmeninhaber vorgesorgt und auf eine starke Diversifizierung gesetzt. Auf diese Weise wirkt sich das Scheitern einzelner Beteiligungen nicht sofort existenzbedrohend aus. Dafür leiden die Beschäftigten unter Umständen um so mehr, vor allem, wenn es sich um hochspezialisierte

Mitarbeiter handelt, die dann mit der »falschen« Ausbildung in einer Stadt festsitzen, die von einem einzigen Industriezweig beherrscht wird. Auch die Zulieferer können massiv in Mitleidenschaft gezogen werden, wenn die Aufträge ausbleiben. Der Dominoeffekt wirkt sich noch auf viele andere Menschen in der Umgebung eines Unternehmens aus.

Wer ein Unternehmen führt, benötigt also sehr viel Urteilsvermögen und ein ausgeprägtes Verantwortungsgefühl für alle diejenigen, die mit dem Erfolg des Unternehmens in Verbindung stehen – Kunden, Zulieferer, Verkäufer, Händler und viele andere mehr. Versäumnisse in diesem Bereich schaffen schnell ein Klima der Verbitterung. Unternehmensleiter, die nur den eigenen finanziellen Vorteil verfolgen, wecken leicht das Interesse der Medien, und sie schaden vielen anderen Unternehmen der gleichen Branche.

Darüber hinaus sollten Unternehmensleiter ein ausgeprägtes Verantwortungsbewußtsein für soziale Probleme haben und auch die Unternehmensangehörigen zu sozialem Engagement anhalten. John Pepper, President von Procter & Gamble, bat mich einmal darum, vor dem Cincinnati School Board über einige gesellschaftlich relevanten Fragen zu reden, die ihm sehr wichtig waren. Andere Unternehmensführer fordern ihre Mitarbeiter beispielsweise dazu auf, sich freiwillig für soziale Zwecke zu engagieren. Sie sehen darin eine Chance, über das Unternehmen hinaus einen günstigen Einfluß auf einzelne Menschen, aber auch auf das wirtschaftliche Klima insgesamt auszuüben.

Ich habe nun auch deutlich gemacht, daß mit allen am Unternehmen Beteiligten nicht nur die Aktionäre gemeint sind. Trotzdem zielen die meisten Aussagen über die Philosophie hauptsächlich auf die Aktionäre ab – genauer gesagt, auf die Dividende. Ein Grund dafür ist der, daß die Anteile vieler Unternehmen von Kleinaktionären gehalten werden, die fest mit den jährlichen Ausschüttungen rechnen. Aber es ist wie mit dem Huhn, das goldene Eier legt: Wenn wir kurzfristig denken und das Huhn schlachten, bekommen wir keine goldenen Eier mehr – und das schmerzt nicht nur die Aktionäre, sondern alle Beteiligten.

Ein Unternehmer führte einmal seine obersten Führungskräfte zu einem Aussichtspunkt, von dem aus sie einen wunderbaren Blick ins Tal hatten. Er sagte: »Ich schätze sehr, was Sie in all den Jahren getan haben, und deshalb möchte ich, daß Sie folgendes wissen: Wenn Sie weiterhin so loyal und produktiv sind, wird all dies eines Tages mir gehören.« Auch solche Unternehmensphilosophien gibt es leider. Ein großes Unternehmen hatte sogar formuliert, es wolle »das Vermögen seiner Anteilseigner mehren«.

Es gibt eine Art von sozialem Gewissen in Unternehmen, an dem sich ablesen läßt, wie die Konzepte der Gerechtigkeit und Fairneß definiert werden. Wenn Mitarbeiter sehr viel Engagement zeigen, dafür aber nicht belohnt werden, schadet sich das Unternehmen selbst. Aber auch der umgekehrte Fall stellt eine Ungerechtigkeit in der sozialen Ökologie dar – und auch er wird sich letztendlich negativ auswirken.

Aus diesen Gründen erfordert die Meta-Führung ein ausgeprägtes Verantwortungsbewußtsein, ein Verständnis für Zusammenhänge und die Fähigkeit, eine Interessenbalance herzustellen. Meta-Führung ist kein transaktionales Konzept. Die Human Resource-Philosophie definiert die Menschen als Aktivposten, als Ressourcen im Unternehmen. Aber sie sind nicht nur das, sondern sie stellen auch einen Wert an sich dar. Wer den Menschen keinen eigenen, von Kosten- und Nutzenrechnungen unabhängigen Wert zugesteht, vertritt eine utilitaristische Theorie. Dann ist man »nett« zu seinen Mitarbeitern, weil sie wichtige Aktivposten sind, aber im Grunde ist eine solche Haltung eine Beleidigung für ihr Selbstwertgefühl. Letztendlich liegt der Human Resource-Philosophie ein transaktionales Führungskonzept zugrunde – es sieht keine Entwicklung vor und erzeugt keine Synergie.

Der prinzipienorientierte Ansatz in der Führung dagegen ist geradezu zwangsläufig *transformational*. Er geht davon aus, daß Menschen sich nicht passiv mit ihren zufällig vorhandenen Persönlichkeitszügen abfinden müssen, sondern daß sie sich statt dessen an zeitlosen, korrekten Prinzipien orientieren sollten. Ganz besonders gilt dies, wenn die Prinzipien in eine Unternehmensphilosophie eingebettet sind und im Führungsstil und in der Führungspraxis, in den

Strategien und innerbetrieblichen Abläufen des Unternehmens deutlich zum Ausdruck kommen. Die Mitarbeiter gewinnen dann den Eindruck, daß »hier Prinzipien gelten«, und zwar für alle, einschließlich der Manager auf den Top-Etagen.

An einem neuen Organisationsplan könnte dies gut veranschaulicht werden: Im Zentrum stehen die korrekten Prinzipien und am Rand die verschiedenen Bereiche, in denen Verantwortung getragen wird. Der Unternehmensleiter und alle anderen müssen Rechenschaft darüber ablegen, ob sie sich in ihrer Arbeit an den Prinzipien orientiert haben.

Ich möchte behaupten, daß die universale Aussage unabhängig davon, ob sie schon schriftlich festgehalten wurde, überall Auswirkungen hat. Gegen den Grundsatz, daß wir alle in einer einzigen großen Wirtschaftsgemeinschaft leben, kann man ebensowenig ungestraft verstoßen wie gegen ein Naturgesetz.

Fünf große Vorzüge

Ich sehe fünf grundsätzliche Vorzüge, die eine universale Aussage bietet:

- *Ökologisches Gleichgewicht.* Eine universale Aussage fördert das ökologische Denken im Hinblick auf alle Beteiligten. Wenn Sie die Prinzipien der Veränderung beachten, werden alle Beteiligten von den daraus entstehenden Synergieeffekten profitieren.
- *Kurzfristige und langfristige Perspektive.* Die universale Aussage berücksichtigt die Tatsache, daß das Huhn keine goldenen Eier mehr legt, wenn Sie kurzfristig denken und es schlachten.
- *Berufliche Herausforderung.* Die wenigen Worte, aus denen die universale Aussage besteht, stellen eine Herausforderung dar, an der eine Führungskraft in ihrem gesamten Berufsleben zu arbeiten hat.
- *Führungskontext.* Innerhalb der Parameter der universalen Aussage können Sie die Unternehmenspolitik, die Strategien und Strukturen sinnvoll festlegen.

- *Persönliches Verantwortungsbewußtsein.* Die universale Aussage erzeugt Verantwortungsbewußtsein für Menschen und Ressourcen.

Auch hier wieder meine ich, daß die universale Aussage eher das Management betrifft und weniger das Unternehmen; auch wenn die Führungskräfte sie gerne in die Philosophie ihres Unternehmens integrieren würden. Vielleicht möchten sie die Konzepte auch gerne in ihre Aussagen über die privaten und familiären Ziele aufnehmen. Jede menschliche Gemeinschaft sollte eine eigene Philosophie formulieren. Aber sie sollte dann eine Erweiterung der universalen Aussage sein:

Unser Ziel ist es, das wirtschaftliche Wohlergehen und die Lebensqualität aller am Erfolg des Unternehmens Beteiligten zu verbessern.

Epilog: Die Kunst des Angelns

Seit vielen Jahren bin ich von der Richtigkeit der folgenden Philosophie überzeugt:

Gib einem Hungrigen einen Fisch, und du machst ihn einen Tag lang satt.

Lehre ihn zu angeln, und er wird für den Rest seines Lebens satt.

Dieser alte Grundsatz hat seine Gültigkeit nicht verloren. Wir setzen ihn nun sogar in unseren Trainings ein. Das Ziel heißt dabei immer, die Führungskräfte »die Kunst des Angelns« zu lehren.

Ein Angler muß sein Verhalten stets auf das jeweilige Gewässer abstimmen: Im Führungstraining ist damit das Umfeld eines Unternehmens gemeint, etwa die schnell wechselnden Marktbedingungen. Es gibt auch hier unterschiedliche »Gewässer«: die Unternehmensstrukturen, die Muttergesellschaft, der Markt, die Regierung und die Öffentlichkeit. Wirtschaftlicher Erfolg ist von vielen Faktoren abhängig. Ihr Unternehmen wird in dem Maße Erfolg haben, wie die Strategie, die Systeme und die gemeinsamen Werte mit dem Umfeld harmonieren.

Regel eins und Regel zwei

Es scheint ja nicht schwer zu sein, die Bedingungen eines Unternehmensumfelds – des Gewässers – zu interpretieren. Aber wie beim Angeln benötigt man auch hier oft ein ganzes Leben, um die Feinheiten zu beherrschen.

Wenn ich Führungskräften beibringe, wie sie angeln sollen, nehme ich oft eine einfache Regel zu Hilfe. Ich nenne sie »Regel eins und Regel zwei«. Die gemeinsamen Werte oder vorherrschenden Grundsätze eines Unternehmens sollten stets die oberste Richtschnur des Denkens und Handelns sein – das ist Regel eins. Regel zwei besagt, daß alle anderen Faktoren – Strategie, Struktur, Systeme, Fähigkeiten und Stil – davon abzuleiten sind. Das bedeutet, daß sie mit den Werten und der Realität in Einklang stehen müssen.

Im M-Plus-Modell wird deutlich, daß die gemeinsamen Werte eine zentrale Stellung einnehmen. Führungskräfte, die eindeutig formulierte und akzeptierte gemeinsame Werte haben (Philosophie, Rollen und Ziele), sind viel besser in der Lage, auf die Bedingungen des sie umgebenden Gewässers einzugehen, weil sie auf einer festen, unveränderlichen Grundlage operieren: ihrem Wertesystem, ihren Prinzipien. Sie schöpfen ihre Sicherheit nicht aus Äußerlichkeiten, sondern aus festen inneren Werten.

Das M-Plus-Paradigma
Vier Ebenen der prinzipienorientierten Führung

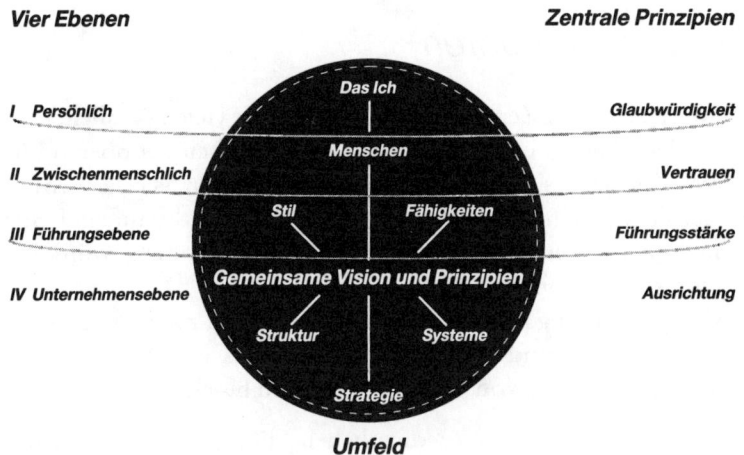

Vier Ebenen

I Persönlich
II Zwischenmenschlich
III Führungsebene
IV Unternehmensebene

Das Ich
Menschen
Stil — Fähigkeiten
Gemeinsame Vision und Prinzipien
Struktur — Systeme
Strategie

Umfeld

Zentrale Prinzipien

Glaubwürdigkeit
Vertrauen
Führungsstärke
Ausrichtung

Im Gegensatz dazu bauen Unternehmen, denen ein gemeinsames Wertesystem auf der Grundlage korrekter Prinzipien fehlt, auf Sand.

Sie fühlen sich damit zwar sicher, aber es ist eine trügerische Sicherheit. All die schönen Anglerpokale nützen ihnen nichts, wenn sie den Bezug zum Unternehmensumfeld verloren haben. Wer seine Stärke aus den Leistungen der Vergangenheit bezieht, bereitet langfristig nur der eigenen Schwäche den Weg.

Einmal stellte ich das M-Plus-Modell und die Regeln eins und zwei der Führungsriege eines großen Versicherungsunternehmens vor. Als ich meine Ausführungen abgeschlossen hatte, meinten sie: »Wir müssen eine Quelle gemeinsamer Werte schaffen, damit wir die nötige Freiheit und Kraft gewinnen, um das zu ändern, was bei uns zu ändern ist.«

Zu diesem Zweck empfahlen wir ihnen, eine Aussage über ihre Philosophie zu formulieren. Wir halfen ihnen dabei, sie fest im Unternehmen zu verankern, damit niemand mehr in die alten Gewohnheiten zurückfiel. Manchen Führungskräften fiel dieser Wandel nicht leicht. Ein Manager sagte zu mir, daß er nach vielen inneren Kämpfen nun zu der Überzeugung komme, daß er nach Prinzipien führen müsse. Dies sei der einzige Weg, um effektiv und mit langfristigem Erfolg »zu angeln«.

Angeln und Führen

Schon seit längerer Zeit beeindrucken mich die vielen Parallelen zwischen dem Angeln und dem Führen. Die Tätigkeit der oberen Führungskräfte läßt sich durchaus mit dem Angeln vergleichen: Sie berücksichtigen im Geschäftsalltag alle Faktoren, die auf ein Unternehmen einwirken, und suchen nach Wegen, um die gewünschten Ergebnisse »einzuholen«.

Meiner Meinung nach gibt es im wesentlichen zwei Angelmethoden: die reaktive und die pro-aktive. Die reaktive Methode ist ein »Wartespiel«, wie es von Gene Hill treffend beschrieben wird:

> Ich angle gerne mit einer künstlichen Fliege, um mir die Zeit zu vertreiben – mit Warten. Dafür erntet man sogar noch Anerkennung, während jemand, der sich in einer Hängematte ausstreckt oder ein Nickerchen hält, schlicht als faul gilt. Beim Angeln er-

weckt man den Eindruck, man widme sich einer wichtigen Tätigkeit. Das liegt an den vielen Geräten – da sind die speziell getönte Brille, die Wasserstiefel, das Netz, ein kleiner Fangkorb und das Surren der Angelschnur, wenn sie durch die Führungsstäbe gleitet.

»Das ist ein Mann, der sich einer ernsthaften Tätigkeit widmet«, würde ein Vorbeigehender sagen, der mich wie einen Reiher am Wasser stehen sähe. Weit gefehlt. Was er sieht, ist ein verkleideter Faulpelz, ein Mann, der sich fragt, wo die Zeit nur geblieben ist. Nicht die vergangene Stunde, in der er einer Ente zugenickt oder über eine schlammfarbene Schlange philosophiert hat, sondern die vergangenen fünf oder zehn Jahre. Er denkt über seine Arbeit nach, die er unerledigt zurückließ, die Frauen, die er nicht geliebt hat, und darüber, daß er gestern noch ein Junge war.

In Wirklichkeit sind manche Führungskräfte diesem Angler sehr ähnlich – sie sind verkleidete Faulpelze. Pro-aktive Führungskräfte dagegen finden eher in der folgenden Beschreibung ein Spiegelbild:

Dauerhaft erfolgreiche Angler wissen, daß unterschiedliche Bedingungen unterschiedliche Verhaltensweisen erfordern. Sie sind flexibel und beobachten das Wasser, um die beste Stelle zu finden, an der sie die Angel auswerfen können. Sie stellen sich ganz und gar auf den Fisch ein. Häufig nähern sie sich dem Wasser langsam, bleiben geduckt, gehen vielleicht sogar in die Knie, wenn sie den Köder auswerfen.

Das ist ein Rat, den jeder Angler beherzigen sollte: Geduckt bleiben und knien, während er die Schnur ins Wasser wirft. Weitere Kostproben aus diesem Handbuch:

Heutzutage kopieren viele Angler nur noch, was sie bei anderen sehen. Mit besonderer Vorliebe wiegen sie ihren Fang, verkünden Zahlen und sind geradezu verliebt in unwichtige Details. Sie wären aber besser dran, wenn sie auf diese Dinge völlig verzichten würden. Die wirklich guten Angler sind in der Regel so darin vertieft, zu angeln und die äußeren Einflüsse zu beobachten, daß sie gar nicht auf den Gedanken kämen, zu zählen und zu messen.

Effektive Führungskräfte interpretieren ihr Umfeld. Sie beobachten wirtschaftliche Trends und kulturelle »Megatrends«. Sie achten darauf, was die bekannten Trendforscher – wie Naisbitt und Yankelovich – meinen, die regelmäßig über den Zustand der Wirtschaft berichten. So entwickeln sie im Lauf der Zeit ein Gefühl dafür, welche Trends von Bedeutung sind und welche Gegebenheiten sich aller Voraussicht nach verändern werden.

Die Bewertung von Trends dient im Grunde einem ähnlichen Ziel wie die tägliche Wettervorhersage: Wir wollen uns auf das vorbereiten können, was der nächste Tag bringt. Wenn wir von einem Regenschauer überrascht werden, ärgern wir uns, daß wir nicht an einen Schirm und einen Regenmantel gedacht haben. Ebenso ist es wichtig, für den richtigen Schutz zu sorgen, wenn eine Rezession bevorsteht, damit wir nicht durchnäßt werden. Aber zurück zum Handbuch:

> Die Auswahl der Angel, der Schnur und der Geräte hängt davon ab, wie und wo Sie angeln. Dabei sind Dinge wie die Strömungsstärke, die Wassertiefe und die Einholgeschwindigkeit zu berücksichtigen. Wenn Sie in verschiedenen Gewässern angeln, besitzen Sie mehr als eine Angelschnur. Besondere Aufmerksamkeit gebührt der Leitschnur, dem wichtigsten Bestandteil Ihres Angelzubehörs.

Sobald Sie bemerken, daß ein Trend eine neue Richtung nimmt, heißt es, sich anzupassen – die internen Abläufe mit dem Umfeld in Einklang zu bringen. Die wichtigsten Veränderungen im Umfeld, auf die man achten muß, sind neue Chancen und Gefahren. Eine Gefahr ist beispielsweise dann gegeben, wenn Ihre Produktlinie auf dem Markt nicht mehr angenommen wird. Neue Chancen tun sich auf, wenn der Trend auf neue Produktlinien, eine neue Technologie oder einen neuen Markt hinweist. Verpaßte Chancen wiederum stellen manchmal auch eine Gefahr dar.

Zu den größten Problemen, denen ich immer wieder in Unternehmen begegne, gehört das Versäumnis des Managements, Struktur und Systeme an sich verändernde Rahmenbedingungen anzupassen. Die Verantwortlichen sehen ihr Umfeld immer nur durch die gewohnte Brille und erkennen deshalb unbekannte Chancen und Gefahren nicht.

Aber selbst wenn sie eine Veränderung erkennen, halten sie an den falschen Arbeitsmethoden fest, sie belasten sich durch zu hohe Gemeinkosten oder dulden eine allzu schwerfällige Bürokratie. Mit ihrer Unflexibilität hemmen sie jede Weiterentwicklung. Kurzsichtigkeit, Schuldenlast oder zu viel Ballast halten sie davon ab, neue Wege zu gehen und sich neuen Gegebenheiten anzupassen. Noch einmal zurück zum Handbuch:

> Um langfristig erfolgreich zu sein, muß ein Angler etwas von Geschichte, Biologie, Geographie, Ökologie und natürlich von der Angelstrategie und -taktik verstehen. Außerdem würde den meisten von ihnen auch ein Schnellkurs in Insektenkunde guttun, weil beispielsweise beim Forellenfang die natürlichen Nahrungsquellen mit Kunstfliegen nachgeahmt werden. Die Forelle ist klug, vorsichtig, schwer zu täuschen und stur: Einen Köder, der mehr einem Hut als einer Köcherfliege ähnelt, rührt sie nicht an.

Es ist nicht anzunehmen, daß General Motors nie bemerkt hatte, daß die billigen, hochwertigen japanischen Autos immer höhere Marktanteile gewannen. In Detroit wurde dieser Trend durchaus zur Kenntnis genommen, aber es wurden nicht die richtigen Konsequenzen gezogen. Das Hauptproblem bestand darin, daß alle Systeme, vor allem die Gehaltsstrukturen für die Top-Führungskräfte, darauf ausgerichtet waren, große Autos zu verkaufen. Es wurden also weiterhin große Autos hergestellt, weil das System es so wollte.

Schließlich klaffte die Schere zwischen den alten Strukturen und den neuen Gegebenheiten so weit auseinander, daß niemand mehr die Augen vor den notwendigen Veränderungen verschließen konnte. Es war, als spielte man Golf mit einem Tennisschläger.

Im Rückblick betonen die Führungskräfte von General Motors, daß sie in den darauffolgenden harten Jahren viel gelernt haben. Durch beharrlich betriebene Teamentwicklung gelang es ihnen, ihre Wettbewerbsfähigkeit wiederzuerlangen und sich erneut eine gute Position auf dem Weltmarkt zu sichern. Sie sagen sogar, daß ein langfristiges Bestehen im Wettbewerb nur möglich ist, wenn man durch solch harte Zeiten gegangen ist. Damit haben sie recht. Jede Branche – von der Stahlproduktion bis zum Gesundheitswesen – muß die Kunst des Angelns erst einmal lernen.

Aber wie? Zunächst einmal sollten Sie Flexibilität höher bewerten als die bedingungslose Unterordnung unter Strukturen und Systeme. Was einmal für richtig befunden wurde, muß es nicht für alle Ewigkeit bleiben. Oft sträuben wir uns gegen Veränderungen nur deshalb, weil wir dann liebgewordene und vertraute Gewohnheiten aufgeben müßten. Es gibt jedoch keine größere Gefahr als die, Veränderungen grundsätzlich abzulehnen.

Mit Erfolg scheitern

Ein weiterer Grundsatz spielt für mich eine wichtige Rolle: Mit Erfolg kann man scheitern. Die ganze Menschheitsgeschichte kann im Grunde auf eine einzige Formel gebracht werden: Herausforderung/Reaktion.

Sobald ein Umfeld – die Herausforderung – sich verändert, funktioniert die bisher so erfolgreiche Reaktion nicht mehr, sondern sie versagt. Genau das meine ich, wenn ich sage, daß man mit – bisherigem – Erfolg scheitern kann. Der Historiker Arnold Toynbee hat dieses Phänomen geschichtlich dokumentiert. Er stellte fest, daß man neuen Herausforderungen viel zu oft mit altbekannten Reaktionen begegnet, weil der Mensch dazu neigt, an Vertrautem festzuhalten. Man hat sich an einen bestimmten Lebensstil gewöhnt, an das monatliche Gehalt und an diese oder jene Annehmlichkeit. Das schafft eine starke Abhängigkeit.

So wie ein erfahrener Angler die Umgebungsbedingungen deutet – Licht, Temperatur, Tageszeit, Gegend –, so interpretiert auch eine gute Führungskraft ihr Umfeld, bevor sie Angel und Köder wählt. Aber es kommt manchmal vor, daß gerade kein geeigneter Köder da ist. Vielleicht ist sogar alles, was sich im Anglerkasten des Managers befindet, alter Plunder. Seine Konkurrenten verwenden Taschenlampen und Dynamit, und alles, was er hat, ist die Rute, um mit künstlichen Fliegen zu angeln.

Einmal beobachtete ich eine faszinierende Szene am Yellowstone River. Am Ufer stand ein junger Mann, offensichtlich ein Tourist, der geduldig die verschiedensten Köder ausprobierte. Kein einziger Fisch biß an, aber sein Tun an sich schien ihn völlig zufriedenzustellen – bis am gegenüberliegenden Ufer ein zweiter Angler sein Glück versuchte.

Alles an der Kleidung dieses Mannes – von der Mütze und Weste bis zu den hüfthohen Gummistiefeln – deutete darauf hin, daß ihm der Fluß nicht fremd war. Außerdem bissen die Fische an – so viele, daß er sie freilassen mußte, weil er schon genug hatte. Jetzt angelte er nur noch, weil es ihm Freude bereitete.

In der Zwischenzeit hatte der Tourist immer noch kein Glück gehabt. Trotzdem angelte er im gleichen Fluß, an der gleichen Stelle, am gleichen Tag. Im Lauf der Zeit wurde er so frustriert, daß er wohl am liebsten mit den bloßen Händen ins Wasser gegriffen hätte, um einen Fisch zu bekommen.

Das Problem besteht darin, daß die meisten Neulinge keine Lust haben, die Kunst des Angelns in jahrelanger Übung zu erlernen. Sie wollen im Crash-Kurs das Wichtigste erfahren und dann gute Beute machen. Manche Angelschulen nähren sogar diesen Ehrgeiz, indem sie etwa versprechen, daß sie innerhalb kürzester Zeit alles Wissenswerte über die verschiedenen Schnüre und Geräte vermitteln könnten.

Erfahrene Angler wissen jedoch, daß ein Schnellkurs nicht das richtige Mittel ist, um all die Fähigkeiten zu entwickeln, die man benötigt, um die unterschiedlichsten Situationen zu meistern. Wirkliche Spitzenleistungen werden einem nicht in den Schoß gelegt. Man muß schon einen Preis dafür bezahlen, nämlich in Form von Übung, Geduld und Durchhaltevermögen – ganz zu schweigen von Talent.

Sattmachen für ein ganzes Leben

Einmal arbeitete ich für eine große Restaurant-Kette, die ihren Führungsstil mit der Philosophie: »Gib einem Hungrigen einen Fisch, und du machst ihn einen Tag lang satt. Lehre ihn zu angeln, und er wird für sein ganzes Leben satt« in Einklang bringen wollte.

Das Unternehmen bestand aus Hunderten von Restaurants, denen jeweils ein Manager vorstand. Die Manager leiteten die relativ großen Restaurants und waren auch für die Einstellung des Personals verantwortlich. Trotzdem wurden sie in der Firmenhierarchie nur als örtliche Assistenten des Bezirksleiters eingestuft.

Fast alle wichtigen Entscheidungen wurden von den übergeordneten Bezirksleitern getroffen. So oft ein Problem auftrat, wandten sich die Manager also an den jeweiligen Bezirksleiter, um einen »Fisch« abzuholen. Da die Bezirksleiter eine bestimmte Anzahl von Restaurants überwachten und ihrerseits den Regionalleitern unterstanden, blieb ihnen nichts anderes übrig, als ständiges Krisenmanagement zu betreiben.

In Anbetracht dieser Hierarchie hatte sich der allgemeine Eindruck im Unternehmen gefestigt, es gebe nur diese Form der Karriere. Man mußte ganz unten anfangen, um irgendwann ein Restaurant zu leiten und dann weiter befördert zu werden. Je höher man aufstieg, desto mehr Reisen standen an. Je öfter die Manager reisten, desto mehr Ehe- und Familienprobleme hatten sie. Wenn sie die Spitze der Leiter erklommen hatten, bemerkten sie, daß sie an der falschen Wand lehnte. Sie taten nicht das, was ihnen gefiel, und sie lebten nicht dort, wo sie gerne leben wollten. Dies war der Preis für ihren Erfolg.

Darüber hinaus waren dem Management die Regeln und Verfahren des Unternehmens wichtiger als die Wünsche und Bedürfnisse der Kunden. Dies lag daran, daß die Manager unflexibel waren und nie den geringsten Anreiz bekommen hatten, ihr Urteilsvermögen, ihre Talente und Initiative einzusetzen, um Probleme zu lösen oder zu verhindern. Die gesamte Hierarchie war eher methoden- als ergebnis- oder kundenorientiert. Darüber täuschte auch nicht die Tatsache hinweg, daß der Tagesordnungspunkt »Kundenpolitik« bei fast jeder Führungsbesprechung anstand. Fragen der Unternehmenspolitik dominierten das Denken der Manager so sehr, daß viele Entscheidungen nur auf derartigen Kriterien basierten.

Bemerkenswerterweise konnte sich das Unternehmen im Wettbewerb gut behaupten, aber im Spitzenmanagement wußte man nur allzugut, daß es noch einen besseren Weg geben mußte.

Nachdem ich die Probleme gemeinsam mit den Managern diagnostiziert hatte, kamen wir zum Ergebnis, daß die Entscheidungsfindung dezentralisiert werden mußte. Dazu mußten Kompetenzen und Verantwortung so weit wie möglich nach unten verlegt werden. Dies wiederum hieß, die Stellung der Restaurantleiter aufzuwerten. Außerdem herrschte Einigkeit darüber, daß die Manager mehr Trainings- und Entwicklungsmaßnahmen als bisher benötigten, um die Dezentralisation machbar und finanziell profitabel zu gestalten.

Der Veränderungsprozeß begann langsam und dauerte mehrere Jahre. Die neue Stellung und Bedeutung des einzelnen Managers kam nicht nur in schönen Reden auf den Aktionärsversammlungen zum Ausdruck, sondern auch dadurch, daß umfangreiche Mittel für Planungs-, Trainings- und Karriereberatungsprogramme bereitgestellt wurden. Außerdem wurden die Gehaltsstrukturen verändert: Die Manager wurden nun dafür belohnt, daß sie die ihnen unterstehenden Menschen aus- und weiterbildeten.

Bald wurde offensichtlich, daß eine wirkliche Dezentralisation sämtlichen Managern neue Fähigkeiten abverlangen würde. Während im Linienmanagement ganze Hierarchieebenen ausgedünnt und Gemeinkosten abgebaut wurden, begannen die Regionalleiter, etwa zwanzig Restaurants statt der bislang fünf oder sechs zu überwachen. Nun war es ihnen natürlich unmöglich, weiterhin die alltäglichen Ablaufentscheidungen zu treffen. Diese wurden jetzt von den Managern vor Ort übernommen, nachdem sie ein entsprechendes Training erhalten hatten, um das Restaurant alleinverantwortlich leiten zu können.

Der positive Effekt dieser Dezentralisierung war der, daß es nun einen zweigleisigen Aufstiegsweg gab: Den bekannten Weg in der Linie und einen zweiten, der den Restaurantmanagern vor Ort mehr Anerkennung und mehr finanzielle Anreize bot, das Restaurant aufzubauen und Mitarbeiter anzuleiten, damit diese wiederum andere Restaurants übernehmen konnten. Ein Nebeneffekt dieser alternativen Möglichkeit war übrigens, daß diese Manager weniger Ehe- und Familienprobleme hatten.

In den oberen Etagen des Konzerns wurden die Führungskräfte nicht mehr davon in Anspruch genommen, zu lenken, zu kontrollieren, zu motivieren und zu beurteilen. Bisher hatten diese Aufgaben einen großen Teil ihrer Zeit gekostet. Nun konnten sie ihre Energien dafür einsetzen, Trainings- und Entwicklungsmaßnahmen zu ermöglichen, zu beraten und zu coachen und generell verfügbar zu sein, wenn jemand Fragen zur Führungsarbeit hatte. Im großen und ganzen begannen sie also endlich, ihre Manager zu lehren, »wie man angelt«, anstatt ihnen jeden Tage einen »Fisch« zu verabreichen.

Vielleicht war der größte Nutzen aus den Dezentralisierungsbemühungen derjenige, daß viele der Topleute, die früher wegbereitende Leistungen erbracht hatten, nun ihre gewohnten, aber ineffektiven Methoden des Delegierens, Kommunizierens und der Personalentwicklung offenlegten.

Als diese Pioniere sich mit anderen Aufgaben befaßten, waren viele Kollegen gespannt, was dabei herauskommen würde. Überraschenderweise verlief der Übergang nicht nur glatt, sondern er führte auch zu mehr Aufstiegsmobilität, Begeisterung und Loyalität. Die Qualität und weitreichende Bedeutung der Umstrukturierung wurde innerhalb kürzester Zeit für alle offensichtlich. Die Mitarbeiter wurden dazu aufgefordert, mehr Verantwortung zu übernehmen, sie wurden in der Anwendung der korrekten Prinzipien trainiert – und sie zeigten sich ihren neuen Aufgaben gewachsen.

Auf persönlicher Ebene jedoch vollzog sich der Übergang nicht ganz so leicht. Nicht wenige hatten Bauchschmerzen, wenn sie an das Neue dachten, andere fühlten sich entwurzelt und unsicher. Aber weil jeder einzelne Mitarbeiter wußte, daß die Umstrukturierung auf lange Sicht die beste Lösung war, auf persönlicher wie auf unternehmerischer Ebene, und weil auch die Top-Manager sich ihr überzeugend verschrieben hatten, gelang sie.

Als die neue Vision das gesamte Unternehmen durchdrungen hatte und alle wußten, wohin es in Zukunft steuern sollte, entwikkelte sich ein starker Gemeinsinn. Die Unternehmenskultur veränderte sich, weil die Vision immer wieder aufs neue bestätigt wurde.

Solche tiefgreifenden Ergebnisse sind nur möglich, wenn man ein Unternehmen in der täglichen Praxis nach den korrekten Prinzipien führt.

Eine persönliche Anmerkung

Im Grunde gibt es so etwas wie »unternehmerisches Verhalten« nicht. Es gibt nur individuelles Verhalten. Alles andere ergibt sich daraus.

Der wichtigste Punkt, an dem Sigmund Freud und Carl G. Jung unterschiedliche Meinungen vertraten, war das Gewissen. Freud glaubte, daß das Gewissen oder das Über-Ich grundsätzlich ein gesellschaftliches Produkt sei. Jung dagegen nahm an, es sei ein Teil des kollektiven Unbewußten, das über Kultur, Rasse, Religion, Geschlecht oder Nationalität stand.

Meiner Meinung nach hatte Jung recht. Die Arbeit mit Tausenden von Menschen in Unternehmen auf der ganzen Welt, in deren Verlauf unzählige Aussagen über Philosophien und Werte vorbereitet wurden, hat mich davon überzeugt. Die Grundwerte, die Teil der Philosophie sind, haben denselben Inhalt, auch wenn verschiedene Worte dafür verwendet werden, unabhängig von Nationalität, Kultur, Religion oder Rasse – sofern vier Voraussetzungen erfüllt sind: 1. Genügend Menschen beteiligen sich an der Ausarbeitung der Aussage; 2. es herrscht eine freie Interaktion; 3. die Beteiligten haben genügend Informationen über ihre Situation; 4. sie fühlen sich so sicher, daß sie ihre Meinung ohne Angst vor Sanktionen äußern können.

Gandhi sagte: »Ein Mensch kann nicht in einem Bereich das Richtige tun, während er in anderen Bereichen falsch handelt. Das Leben ist ein unteilbares Ganzes.« John Wesleys Mutter lehrte ihren Sohn: »Was auch immer deinen Verstand schwächt, schädigt die Empfindsamkeit deines Gewissens, verschleiert deinen Sinn für Gott, nimmt dir die Freude an geistigen Dingen; was immer den Körper über den Geist herrschen läßt, das ist Sünde für dich, wie unschuldig es auch erscheinen mag.« Ich glaube, daß Gott die wahre Quelle des kollektiven Unbewußten ist und deshalb die letzte moralische Instanz im Universum.

Literatur

Fisher, Roger und Ury, William: Das Harvard-Konzept, Frankfurt 11. Auflage 1992.

Frankl, Viktor: Ein Mensch vor der Frage nach dem Sinn, München 1990.

Iacocca, Lee: Eine amerikanische Karriere, Düsseldorf 1989.

Levitt, Ted: Die Macht des kreativen Marketing, Düsseldorf 1986.

–: Über Management, Frankfurt 1992.

Peters T.J. und Waterman, R.H.Jr.: Auf der Suche nach Spitzenleistungen, Landsberg a. Lech 1991.

Ury, William: Schwierige Verhandlungen. Wie Sie sich mit unangenehmen Kontrahenten vorteilhaft einigen, Frankfurt 1992.

Stephen R. Covey
Die sieben Wege zur Effektivität
Ein Konzept zur Meisterung Ihres beruflichen und privaten Lebens

Aus dem Englischen von Angela Roethe
1992. 280 Seiten

»Kein anderer Lehrer oder Mentor für die Verbesserung der persönlichen Effektivität hat so überwältigend positive Reaktionen hervorgerufen – auch bei mir. Dieses Buch liefert einen wunderbaren Einblick in Coveys Philosophie der Prinzipien.«
John Pepper, Präsident, Procter & Gamble

Peter Block
Der autonome Manager
Macht und Einfluß am Arbeitsplatz

Aus dem Englischen von Barbara Sabel
1992. 208 Seiten

Peter Block zeigt, wie wichtig die Entwicklung einer Vision ist, wenn man ein Unternehmen (mit)aufbauen will, das die individuellen Werte in der täglichen Arbeit, der Unternehmenskultur und im innerbetrieblichen Umgang widerspiegelt. Ausführlich demonstriert Block, wie man eine solche Vision entwickelt.

»Dies ist das nützlichste und klarste Buch, das über die neuesten Erkenntnisse im Bereich Management geschrieben wurde. Es besticht durch Klarheit, Klugheit und seinen Charme.«
Warren Bennis, Autor von »Führungskräfte« und »Führen lernen«

Campus Verlag · Frankfurt/New York

Mike Dutfield, Chris Eling
Gesprächsführung für Manager
Mitarbeiter kompetent beraten und beurteilen

Aus dem Englischen von Maria Beck
1993. 215 Seiten

Wer in eine Position mit Personal- oder Führungsverantwortung auf-steigt, muß der Kommunikation mit Mitarbeitern fast immer mehr Zeit widmen als zuvor. Dieser Einsatz an Zeit sollte so effektiv wie möglich genutzt werden. Deswegen kann man die vielen informellen und selbst die formalisierten Gespräche nicht Intuition und Zufall überlassen.

»Dutfield und Eling zeigen in ihrem sehr praktischen und materialrei-chen Buch, wie man der alltäglichen Demotivierung von Mitarbeitern durch eine konstruktive Gesprächsführung ein Ende setzt.«
Dr. Reinhard Sprenger, Autor von Mythos Motivation

Charles Handy
Im Bauch der Organisation
20 Einsichten zum Verhalten für Manager und alle anderen, die etwas be-wegen wollen

Aus dem Englischen von Friedrich Mader
1993. 223 Seiten, 20 Karikaturen

Charles Handys ungewöhnliches Buch richtet sich an alle, die mit Hilfe anderer etwas erreichen wollen – ob im Unternehmensalltag, in einer Projektgruppe, in sonstigen Organisationen oder gar in der Familie. Mit englischem Humor, Geschichten und Anekdoten stellt der Autor dar, was eine gute Organisation ausmacht.

»Charles Handy ist der Guru der Management-Gurus.«
Maxim Worcester, FAZ-Informationsdienste

Campus Verlag · Frankfurt/New York